ESSAI

SUR LA VIE ET LES ŒUVRES

DE

P. DE RONSARD

PAR

GEORGES CHALANDON

PARIS

LIBRAIRIE DE A. DURAND ET PEDONE LAURIEL

9, RUE CUJAS (ANCIENNE RUE DES GRÈS)

1875

ESSAI

SUR LA VIE ET LES ŒUVRES

DE

P. DE RONSARD

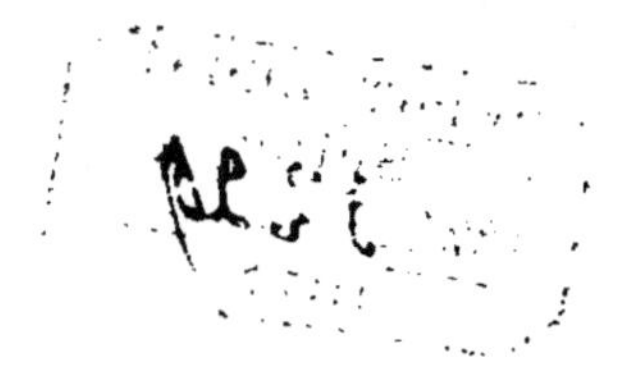

ESSAI

SUR LA VIE ET LES ŒUVRES

DE

P. DE RONSARD

PAR

GEORGES CHALANDON

PARIS

LIBRAIRIE DE A. DURAND ET PEDONE LAURIEL

9, RUE CUJAS (ANCIENNE RUE DES GRÈS)

1875

A MA MÈRE

AVANT-PROPOS

Lorsque j'ai commencé cette étude, je ne
connaissais guère Ronsard que de réputation.
J'avais lu seulement les jugements dédaigneux
que portent sur lui les écrivains du dix-huitième siècle, et m'étais cru pendant longtemps
obligé à considérer comme un arrêt définitif
les vers fameux que Boileau lui consacre. Puis
en présence de la réaction de l'école moderne,
qui tente de le replacer sur son piédestal
et le considère comme un grand génie trop
longtemps méconnu, j'ai résolu de juger par
moi-même et me suis adonné à la lecture des
œuvres du « *gentilhomme Vendômois.* » Bien.

souvent je me suis demandé si le travail que
j'entreprenais n'était pas inutile, et me suis
répété le mot de La Bruyère : « Tout a été dit
et l'on vient trop tard. » J'ai cependant repris
courage et j'ai continué ma route, en songeant
que, dans une œuvre aussi considérable, je
trouverais peut-être un côté peu connu, qu'il
serait utile de mettre en lumière. Je me suis
surtout attaché à l'étude littéraire de Ronsard,
et j'ai été amené à le comparer à un des grands
poëtes de notre temps. Il m'a semblé qu'il y
avait là de curieux rapprochements à faire,
et j'ai essayé de les indiquer.

PRÉLIMINAIRES

DE LA RENAISSANCE DES LETTRES EN FRANCE

La poésie n'est pas seulement la forme la plus parfaite de la pensée individuelle; elle est encore l'expression la plus exacte, la plus vraie de la pensée des peuples. Comme l'a dit justement un critique : « S'il est un fait établi par les lois les plus constantes de l'histoire, c'est que les grands poëtes et les grands artistes n'ont pas été, en leur temps, des accidents fortuits, des phénomènes isolés ; ils ont été produits, au contraire, par une longue élaboration ; ce sont des ouvriers de la dernière heure[1]. » Il existe toujours entre le poëte et son temps, une solidarité telle, une réciprocité si intime,

[1] L. Moland, *Molière et la Comédie italienne.*

1

que l'un doit amener à connaître l'autre, et que tout âge de l'humanité peut se résumer dans une œuvre, dans un grand nom.

Pour nous, la Grèce héroïque, c'est Homère. La Grèce parvenue à une époque plus humaine, c'est Sophocle.

Le siècle d'Auguste, c'est Virgile.

L'histoire littéraire de l'Italie, au moyen âge, peut se résumer dans les noms de Dante et de Pétrarque.

Racine me paraît la personnification de l'esprit du dix-septième siècle.

Ronsard a eu cette gloire singulière d'être l'homme de son temps. En France, en Europe même, son nom est dans toutes les bouches; nulle renommée littéraire n'est égale à la sienne, à la fin du seizième siècle. Ses ouvrages traduits dans toutes les langues, sont universellement appréciés. Il est le type le plus achevé des poëtes de la cour. L'esprit qui l'inspire est celui de la vraie Renaissance, celui qui anime Pierre Lescot et Jean Goujon. Un lien intime existe, on n'a pas de peine à le sentir, entre le Louvre et les *Hymnes* ou les *Odes*.

Ronsard appartient tout entier, avec ses qualités et ses défauts, au grand mouvement de la Renaissance. Il naît trop tard pour pouvoir diriger, dès son origine, ce grand courant qui s'établit dès la fin du règne de Louis XII et se développe sous François Ier. Il fait partie d'une génération qui subit l'influence générale, et lorsqu'un jour, il devient à son tour chef d'école, il reste fidèle aux traditions de sa jeunesse. C'est à lui qu'est réservée la gloire de faire éclore, avec tout son éclat, la fleur de la renaissance littéraire.

Nous ne croyons pas sortir des limites de cette étude en jetant un coup d'œil rapide sur l'esprit général du seizième siècle; en examinant les causes qui ont amené la Renaissance, en disant quelques mots de ses phases diverses, en essayant de déterminer quels furent ses avantages et ses inconvénients. Il nous semble, au contraire, qu'il serait injuste de juger Ronsard isolément, sans tenir aucun compte du milieu dans lequel il a vécu, des influences qu'il a subies. Il en est un peu des poëtes comme des plantes; la foule lit les vers des uns ainsi qu'elle cueille les fruits des autres, pour en extraire le suc, sans s'inquiéter de la manière dont il s'est formé. Mais, comme le botaniste, l'esprit critique aime à remuer le sol, à considérer les racines, à étudier les diverses influences des climats et des temps sur les productions du génie humain.

Un mouvement semblable à celui de la Renaissance n'est pas accidentel; on peut dire, dans une certaine mesure, qu'il est fatal, c'est-à-dire qu'en étudiant l'époque qui le précède, on peut le prévoir , que ses causes sont déterminées et que sa marche doit être régulière.

La langue française a des finesses charmantes. Le mot de *Renaissance* convient admirablement à l'idée qu'il exprime, et on eût été beaucoup trop loin en disant *résurrection ;* l'esprit français ne s'était pas éteint : Villehardouin, Joinville, Guillaume de Lorris, Jean de Meung et Charles d'Orléans sont là pour nous en convaincre ; mais on doit avouer qu'il s'était endormi. On s'était peu à peu éloigné des sources saines ; la langue, abandonnée au caprice de chacun, menaçait ruine avant sa formation.

L'unité faisant absolument défaut, les efforts individuels devenaient impuissants, et les auteurs manquant de modèles, se voyaient livrés à leurs propres forces.

Revenir à l imitation de l'antiquité, la faire d'abord mieux connaître, la proposer ensuite comme modèle et comme règle, tel fut le but constant de cette foule d'érudits, de poëtes, de prosateurs qui seront éternellement l'honneur du seizième siècle.

Quatre causes principales ont contribué, pendant le seizième siècle, au grand travail de la Renaissance

en France et ont puissamment aidé le développement littéraire :

1° L'accroissement de l'importance politique de
la France;

2° L'adoucissement général des mœurs et la
part plus grande faite à la culture intellectuelle ;

3° La formation de grands centres littéraires et
artistiques ;

4° Enfin, la fréquence des rapports entre l'Italie
et la France.

L'unité française, dans le sens où ce mot est généralement pris, ne remonte pas, il est vrai, au-delà
du dix-septième siècle et l'honneur d'avoir su
fondre entre elles les diverses provinces françaises,
doit revenir, en grande partie, à la maison de
Bourbon. Mais il ne faut pas, cependant, méconnaître les grands services rendus par les Valois.

Dans la dernière période du quinzième siècle et
la première du seizième, la France a passé à l'é-
tat de puissance de premier ordre. Louis XII et
Charles VIII se sont couverts de gloire. Aucune période de nos annales militaires n'a jeté un éclat
plus brillant et plus pur; il suffit, pour s'en convaincre, de nommer les héros des guerres d'Italie.
Politiquement et militairement, la France est à la
tête de l'Europe. L'étendue de son territoire s'ac-
croît tous les jours; un grand travail de fusion s'o-

père entre les provinces; les idiomes propres à chacune d'elles commencent à perdre de leur importance et font place peu à peu à une langue générale. La France sortie victorieusement de sa lutte séculaire avec l'Angleterre, augmentée de la Bourgogne et de la Provence, est une puissance forte et unie.

Pendant que la puissance politique de la France prend ainsi un accroissement considérable, de grandes modifications sont également apportées à l'esprit général et aux mœurs. La culture intellectuelle a été singulièrement développée; les mœurs se sont adoucies, l'esprit s'est poli et la France est devenue une nation civilisée: la chevalerie des premiers âges, la chevalerie des croisades s'est changée par degrés, en cette chevalerie galante, dont François Ier est demeuré le modèle. L'amour a revêtu une forme nouvelle. Ce n'est plus cet amour tel que l'avait rêvé le moyen-âge, qui, prenant son inspiration dans le sentiment chrétien, idéalisait la femme, faisait d'elle un être à part, supérieur et sacré, tenant à la fois de la créature et de l'ange, pour lequel le chevalier brûlait de souffrir, et dont le culte le protégeait dans ses aventures merveilleuses. L'amour a perdu ce caractère respectueux, j'allais dire religieux. Il est devenu le passe-temps des guerriers, le sujet des conversations de la cour. Il n'est plus

question de sacrifices héroïques et d'immolations
sublimes ; le but est plus intéressé. Les romans de
chevalerie qui sont dans toutes les mains, ont rendu
banales les aventures périlleuses des paladins du
moyen âge ; un certain ridicule commence même à
s'y attacher, et lorsque paraîtra l'inimitable livre
de Cervantes, il trouvera un grand nombre d'admirateurs.

Au mot d'amour, tel que l'entendait le moyen
âge, a été substitué celui de galanterie. C'est un sujet qui défraie les poésies de tout genre, et ce ne
sont pas seulement les poëtes de profession qui le
célèbrent dans les madrigaux ou les sonnets que
l'Italie a mis à la mode, l'exemple vient de plus
haut et les têtes couronnées changent volontiers
leur diadème pour la couronne poétique.

Il est évident qu'avec ce goût prononcé pour les
lettres, avec cette prétention générale au bel esprit,
des centres littéraires et artistiques devaient bientôt se former.

Nous en trouvons, en effet, un assez grand
nombre, en France, au seizième siècle.

C'est Paris, d'abord, où la présence de la cour
attirait toutes les célébrités du pays et de l'étranger ; Paris qui, grâce à la salutaire influence de
François Ier, commençait déjà à devenir réellement
la capitale de la France, où toute gloire devait

aboutir, où se consacrait toute réputation, où régnèrent successivement Marot, Mellin de Saint-Gelais et Ronsard.

A côté, d'autres foyers intellectuels viennent encore de se former : Lyon, en premier lieu, qui, se trouvant entre Paris et l'Italie, était comme le point de jonction entre les beaux esprits ultramontains et ceux de la capitale; Lyon, que ses imprimeurs, italiens et français, rendaient célèbre dans toute l'Europe, où Loyse Labé tenait sa cour, dont Maurice Scève, Clément de Bourges, Jeanne Gaillard et Pernette du Guillet étaient les principaux ornements; Lyon, qui méritait d'être appelé par Marot « une cité de grand'valeur [1]. »

Poitiers était encore un centre de bel esprit, où les dames des Roches, Madeleine Neveu et Catherine de Fradonnet, avaient fondé une *Académie de vertu et de science*.

Enfin, dans le Midi, la cour de Nérac rivalisait d'esprit avec celle de Fontainebleau et parfois heureusement, puisqu'un jour, à « l'Apollon du Parnasse françois » à Ronsard, dans tout l'éclat de sa gloire, elle pourra opposer du Bartas.

Les guerres d'Italie, qui occupèrent la première partie du seizième siècle, furent la cause immé-

---

[1] *Adieux à Lyon.*

diate de la Renaissance : elles introduisirent en France un double courant. D'un côté, les jeunes chevaliers et les poëtes de cour rapportèrent les sonnets de Pétrarque, et les firent goûter chez nous ; les *gentilles inventions* et les grâces mignardes du chantre de Laure plurent tellement partout, que, bien vite de l'admiration on passa à l'imitation. Comme le goût espagnol domine dans l'ensemble des premières productions du dix-septième siècle, dans les œuvres même de Corneille, ainsi la pointe, la recherche italienne apparaît dans tout le seizième, jusqu'aux auteurs de *la Ménippée*, qui rompent ouvertement en visière avec le genre à la mode. Jusque-là, la France rivalise de *concetti* avec les descendants de Pétrarque. Puis, d'un autre côté, derrière ces œuvres secondaires, s'en introduisent, peu à peu, d'autres d'une importance bien plus considérable. Les trésors de l'antiquité grecque et latine nous sont rendus successivement dans leur pureté et leur originalité primitives, grâce aux savants travaux de toute cette classe d'hommes oubliés aujourd'hui, mais digne cependant de la reconnaissance de la postérité, que l'on nomme les érudits. Ces savants, tels qu'Érasme, Budé, Turnèbe, Juste Lipse, auxquels nous devons de précieux commentaires, doivent être considérés comme de grands bienfaiteurs de l'humanité et méritent peut-être autant de reconnaissance que les poëtes.

Il se sont adonnés, malheureusement, d'une façon trop exclusive, à l'étude des langues mortes et nous devons regretter qu'ils n'aient pas mis leur immense érudition au service de la langue nationale. Partageant avec leurs contemporains, les illusions qui faisaient croire à l'utilité d'une fusion entre les trois langues, ils se sont trompés de route et leurs travaux n'ont pas produit tous les fruits qu'on en pouvait attendre. Ils ont néanmoins bien mérité de la science et des lettres et leur nom peut aller, aux yeux des hommes sérieux, de pair avec ceux des plus grands génies.

———

On doit distinguer, dans l'histoire littéraire de la France au seizième siècle, quatre périodes qui peuvent faire connaître, d'une façon sommaire, l'histoire de la Renaissance :

La première pourrait s'appeler la période italienne et française.

La seconde, la période latine et italienne.

La troisième, la période italienne, grecque et latine.

La quatrième, enfin, se fait remarquer par un retour sensible vers la poésie purement italienne.

La première doit être considérée comme le résultat immédiat des rapports fréquents qui s'établissent entre la France et l'Italie. Lemaire de Belges et Jean Marot en sont les principaux représentants. Cette école, assez pauvre, n'a, à nos yeux, que le mérite d'avoir préparé celles qui l'ont suivie, et ne mérite pas un examen spécial, quoiqu'elle ait joui longtemps d'une grande célébrité. Clément Marot mettait sur le même pied « Lemaire le Belgeois, et Homère le Grégeois. » Ronsard faisait, dans sa jeunesse, sa lecture favorite de ses œuvres, et avait toujours soin de l'excepter de ceux qu'il appelait *des poetastres.* Du Bellay et Pasquier l'ont comblé d'éloges. Jean Marot fut goûté, jusqu'au commencement du dix-septième siècle, pour ses épigrammes, que Colletet appréciait à l'égal de celles de Martial. Les poésies pastorales ont été également admirées : « Parmi ses complaintes, dit le même auteur, celle pour le général Prudhomme et celle pour Florimond Robertet, l'églogue pour la reine-mère de Savoie, sont écrites d'un si bel air et d'un style si pastoral et si poétique, que les tombeaux de Jean Second et les idylles funèbres de l'antique Moschus et de Bion même, n'ont rien de plus fort ni de plus agréable. » Cette école manque généralement d'érudition. Elle marque seulement la transition entre le quinzième et le seizième siècle : elle apporte le goût du genre italien, mais ne connaît pas, ou ne

connaît que fort peu le latin, encore moins le grec;
Jean Marot l'avoue lui-même ingénuement.

La seconde école est déjà plus savante : Clément
Marot en est le chef. Autour de lui, nous remarquons Brodeau et Charles Fontaine. Je rangerai
même dans ce groupe les ennemis de Marot, tels
que Sagon et la Huetterie ; car leur poésie rappelle,
pour la forme, celle de leurs adversaires ; cette
école, assez instruite, sait bien le latin et imite,
parfois avec succès, les auteurs de l'antiquité.

Constatons aussi la présence d'une école intermédiaire entre celle de Marot et celle de Ronsard,
qui tient plus de la première que de la seconde :
elle est représentée par Maurice Scève, Mellin de
Saint-Gelais, Habert, hommes d'un mérite réel,
auxquels la Pléiade accorda tant d'éloges.

Vient alors la grande école lyrique du seizième
siècle : celle de Ronsard et de ses partisans ; c'est
elle que nous étudions spécialement. Dans son ardeur d'imitation, elle emprunte à toutes les littératures : le sonnet et le madrigal à l'Italie ; l'ode
pindarique, le poëme épique, l'élégie et l'églogue
à l'antiquité.

Enfin, les poëtes de la Renaissance, Desportes,
Bertaut, reviennent vers la poésie italienne et s'a-
donnent plus particulièrement au genre érotique.
Je ne sais si c'est vraiment, comme l'a dit Boileau,

la chute de Ronsard qui rend cette école plus re-
tenue ; mais il est certain que, tout en étant la fille
de la Pléiade, elle est loin d'avoir l'audace et la
fierté de sa mère. Aussi sera-ce toujours vers Ronsard et ses partisans qu'il faudra jeter les yeux
quand on voudra se faire de la Renaissance une
idée juste ; c'est en eux qu'elle se résume le plus
parfaitement. Les autres écoles ont précédé ou
suivi la leur qui doit être considérée comme le
rayonnement et la *quintessence* de l'esprit du seizième siècle.

A coup sûr, le but de la Pléiade fut noble et
beau : elle se proposait de fondre plusieurs genres,
de raviver les souvenirs de l'antiquité et de donner
au génie français les grandes qualités du génie
grec et du génie romain. Si l'on ne considère que
son origine, ce grand mouvement fut donc admirable ; ce fut un magnifique spectacle de voir une
nation entière avide de science ; vieillards et jeunes
gens saisis d'un égal enthousiasme, rivalisant d'ardeur, étudier fiévreusement le grec et le latin ;
mais malheureusement, cette ardeur même, cette
passion de l'étude portait en soi son danger ; l'originalité fit généralement défaut et l'esprit d'imitation paralysa tous les efforts. A force de traduire
et d'imiter les anciens, on en vint à fausser le génie
de la langue française ; on arriva à n'être ni ancien

ni moderne. On alla même malheureusement plus loin : on se méprit sur la nature des beautés que l'on admirait dans les chefs-d'œuvre de la Grèce et de Rome ; on crut qu'elles consistaient surtout dans la forme, et on négligea trop le fond ; on ne sut pas tenir un compte suffisant des différences que comportent les milieux et les temps et plus d'un auteur, voulant imiter le sublime de l'antiquité, tombe dans le pédantisme et dans l'enflure.

Je disais tout à l'heure que Ronsard fait involontairement penser à Lescot et à Jean Goujon. C'est qu'en architecture comme en littérature, le mouvement fut le même ; on obéit, au seizième siècle, à la même pensée. L'antiquité servit partout de modèle ; mais l'esprit *compliqué*, si l'on peut ainsi parler, qui régnait à cette époque, ne comprit pas plus la sobre beauté de *l'Iliade* et de *l'Orestie* que la majesté simple des statues de Phidias ou des frises du Parthénon. Il prit l'austère nudité qui caractérise toutes les productions du génie grec, pour de la pauvreté et il crut l'embellir en l'ornant. L'architecture, toute pleine encore des brillants souvenirs du gothique, sema à pleines mains les enjolivements : elle fit courir l'arabesque le long des murs, fouilla les chapiteaux, sacrifia l'ensemble au détail, la pureté à l'élégance. La littérature fit, de son côté, une tentative analogue en essayant d'accommoder le génie grec au goût moderne et en substituant le gracieux au beau : le poëme épique prit un ton léger; le diminutif, venu de l'Italie, essaya de s'acclimater dans les œuvres les plus graves, ou bien lorsque les poëtes voulurent rester fidèles aux maîtres de l'antiquité, ils ne surent être que roides et guindés, là où leurs modèles avaient été sublimes. La poésie, infidèle à sa mission véritable, cessa d'être populaire, et devint le privilége exclusif de quelques lecteurs lettrés, seuls capables de comprendre les allusions à l'antiquité dont elle était remplie. Ronsard l'a dit en toutes lettres :

> Les François qui mes vers liront,
> S'ils ne sont et Grecs et Romains,
> Au lieu de ce livre, ils n'auront
> Qu'un pesant faix entre les mains.

La poésie devint savante ; le poëte n'eut pas à se préoccuper d'exprimer dans un langage élevé de grandes et nobles idées. Son but immédiat fut la traduction, l'imitation, en un mot le pastiche. Ronsard habilla Jupiter à la mode de la cour des Valois, comme au moyen âge on changeait en statues de saints les chefs-d'œuvre de la statuaire antique, afin de les sauver de la destruction. On ne s'apercevait pas que la vie ne circulait plus à travers ces pâles et froides figures. De ce qu'Hector et Turnus sont vivants dans *l'Iliade* et *l'Énéide*, on concluait que leurs copies devaient vivre également. L'essentiel, c'était que les figures fussent grandioses, les règles antiques rigoureusement observées, « les carmes grandiloques, » selon l'expression du temps. En résumé, on donna trop à la forme et pas assez au fond ; la poésie fut par trop artificielle et son but véritable, l'élévation de l'âme vers de grandes pensées, trop souvent méconnu. Voilà les défauts du seizième siècle ; voilà ce qui le distingue absolument du dix-septième.

Le dix-septième siècle, en effet, c'est avant tout le siècle de la pensée, de la raison ; c'est la perfection de la langue, se mettant au service de la perfection de l'idée. On peut dire qu'en lisant les auteurs de cette grande époque, Bossuet, Pascal, Racine, Fénelon, la Bruyère ou Molière, on éprouve, dans une certaine mesure, la même impression qu'en entendant un accord parfait ; l'esprit et la raison sont tellement satisfaits qu'ils ne songent pas à demander autre chose. Tous ces grands hommes ont un but unique, qu'ils atteignent toujours par des moyens différents, le vrai, le bien, le beau qui, dans leur esprit, sont inséparables, ou, pour mieux dire, qu'ils considèrent comme ne faisant qu'un, n'étant que les modes divers d'un seul et même être. Tout en eux tend vers ce but. La forme n'est qu'un accessoire, un détail, fort soigné sans doute, mais qui passe au second plan. Je dirai que l'idée chez Pascal ou Bossuet est tellement forte qu'elle crée la forme, à ce point qu'il nous est impossible de séparer l'une de l'autre.

Le dix-septième siècle est soumis à une règle, à une méthode. Toujours on y sent la présence de l'autorité politique et religieuse; les points capitaux de l'ordre social et moral sont, on le sent, hors de cause : on ne prêche qu'à des croyants.

Le dix-septième siècle est la perfection idéale au point de vue littéraire. La langue est arrivée à son point de maturité extrême. L'expression est toujours en équilibre, en rapport exact avec la pensée, jamais au-dessus, jamais au-dessous.

Le seizième siècle est, à tous les points de vue, un siècle de transition et sa littérature est un mélange de l'antiquité du moyen âge.

C'est surtout un siècle de forme. Le poëte y est beaucoup plus préoccupé de la beauté de ses vers, de la richesse de ses rimes, du rhythme de ses strophes, que de la pensée qu'il veut exprimer.

C'est là, pour moi, ce qui cause la grande infériorité du seizième siècle, c'est ce qui rend lourde et pénible la lecture de bon nombre de ses poëtes : l'imitation mal comprise des anciens, le ton ampoulé qu'ils affectent découragent plus d'un lecteur. La naïveté, la grâce naturelle, l'abandon, font trop souvent défaut, à cette époque de transition, où le vrai et le faux se touchent ; où la fable vient se mêler, dans une proportion difficile à saisir, à la réalité ; où Jupiter et Jésus-Christ se trouvent placés l'un à côté de l'autre et sur le même pied ; où la forme est mythologique, tandis que, la plupart du temps, l'esprit est chrétien. Il y a, dans cette continuelle discordance, quelque chose qui fatigue l'esprit ; on éprouve une sensation pénible à ne pas se trouver sur un terrain solide et l'on s'étonne que tant d'esprits distingués aient pu céder ainsi au caprice du jour et sacrifier aux faux dieux.

Car, à tout prendre, c'étaient des hommes éminents que ces poëtes de la Pléiade et leurs commentateurs. Daurat, Baïf, Belleau, Jodelle, Ponthus de Tyard, du Bellay, étaient des intelligences d'élite ; mais, pour diriger le mouvement qui entraînait le seizième siècle ; pour l'arrêter dans ce qu'il eut d'exagéré ou de ridicule ; pour parvenir en même temps à fixer la langue d'une manière définitive, il fallait plus qu'un homme de talent, il fallait un génie. La France avait besoin d'un Homère ou d'un Dante ; elle n'eut que Ronsard.

PREMIÈRE PARTIE

VIE DE RONSARD

CHAPITRE PREMIER

NAISSANCE DE RONSARD

En 1524, dans cette même année, où François Ier, glorieusement vaincu, tombait entre les mains de son rival, Jeanne de Chaudrier, épouse de Loys de Ronsard, « chevalier de l'ordre de Saint-Michel et maistre d'hôtel du roy, » mettait au monde, au château de la Poissonnière, dans le Vendômois, un enfant qui reçut le nom de Pierre.

> L'an que le roy François fus pris devant Pavie,
> Le jour d'un samedy Dieu me presta la vie
> L'onzième de septembre, et presque je me vy
> Tout aussitost que né de la Parque ravy.
> (Élégie XXe).

« Et pourroit-on douter, ajoute Binet, biographe
et ami de Ronsard, si en même temps la France
reçeut par ceste prinse malencontreuse un plus
grand dommage ou un plus grand bien par ceste
heureuse naissance, à laquelle était advenu, comme
à d'autres, de grands personnages, d'être remarquée d'une si mémorable rencontre : ainsi que la
naissance du grand Alexandre fut signalée et comme
esclairée par l'embrâsement du temple de Diane, en
la ville d'Éphèse. »

Binet va même jusqu'à dire que la bataille de
Pavie tomba le jour même de la naissance de Ronsard ; mais il ne faut voir dans cette assertion que
le désir qu'avait le biographe de rattacher cette
naissance à quelque grand événement. Ronsard,
dans les vers cités plus haut, est parfaitement ex-
plicite : *L'onzième de septembre*, dit-il ; or, la bataille de Pavie eut lieu le 24 février ; l'hésitation
n'est donc pas possible.

Duperron, qui a prononcé l'oraison funèbre du
grand poëte, ne paraît pas fixé sur la date de sa
naissance, et laisse la question pendante. « Quant au
temps de sa naissance, dit-il, il y en a diverses opinions ; les uns veulent qu'il soit né l'an mil cinq
cent vingt-deux, et par ainsi mort en son an climac-
térique, chose que l'on a remarqué arriver à beaucoup de grands personnages ; les autres s'arrestent

à ce qu'il en a escrit, ayant signalé l'année de sa nativité par la prise du grand roy François, comme souvent il se rencontre de ces fortunes notables à la mort des hommes illustres, là où nous pouvons encore observer en passant que la prise de ce roy devant Pavie, qui est l'accident duquel il a voulu noter sa nativité, tombe justement en un même jour que celuy auquel nous célébrons la mémoire de sa mort, qui est la fèste de sainct Mathias. »

Ainsi, chacun voyait dans ces coïncidences fortuites quelque dessein, pour ainsi dire providentiel; et telle était la renommée du poëte que venait de perdre la France, qu'aucune des circonstances qui accompagnèrent sa naissance et sa mort ne pouvait être attribuée au hasard.

Pour nous qui, dans Ronsard, nous proposons d'étudier plus spécialement le poëte que l'homme, nous passerons rapidement sur ces questions oiseuses, dans lesquelles se retrouve, avec toute sa force, cet esprit de curieuse subtilité, spécial au seizième siècle.

Quant à l'origine de sa famille, nous citerons ce qu'en disent ses contemporains, ce qu'il en dit lui-même [1] :

[1] Nous vérifierons l'exactitude des renseignements qui nous seront ainsi fournis, à l'aide de la savante notice qu'a publiée M. de Rochambeau sur *La famille de Ronsart*. Grâce à ses patientes re-

« Pierre de Ronsard, dit Claude Binet, est issu d'une des nobles familles de France, de la maison des Ronsards, au pays du Vendômois, l'antiquité de laquelle est assez avouée et remarquée des plus curieux, pour avoir tiré son origine des confins de la Hongrie et de la Bulgarie, où le Danube voisine de plus près le pays de Thrace, qui devoit, aussi bien qu'à la Grèce, donner à la France l'origine d'un second Orphée, auquel lieu se trouve le marquisat de Ronsard. »

Ce singulier rapprochement entre Orphée et Ronsard, tirant leur origine des mêmes lieux, donne bien l'idée du culte de l'époque pour l'antiquité.

Voici d'ailleurs la source où Binet et Duperron ont puisé leurs renseignements, c'est cette même *Élégie* XXᵉ, dans laquelle le poëte raconte son histoire à son ami Remy Belleau :

> Or quand à mon ancestre, il a tiré sa race
> D'où le glacé Danube est voisin de la Thrace :
> Plus bas que la Hongrie, en une froide part,
> Est un seigneur nommé le marquis de Ronsart.
> Riche d'or et de gens, de villes et de terres,
> Un de ses fils puisnez ardant de voir la guerre,
> Un camp d'autres puisnez assembla hasardeux,
> Et quittant son pays, fait capitaine d'eux

cherches, l'obscurité qui entourait les origines de cette famille, a été entièrement dissipée.

Traversa la Hongrie et la basse Allemagne,
Traversa la Bourgongne et la grasse Champaigne,
Et hardi vint servir Philippe de Valois,
Qui pour lors avait guerre encontre les Anglois.

On a imaginé divers systèmes pour expliquer l'étymologie du nom de Ronsard : le plus singulier est sans contredit celui de M. Ubicini.

Suivant lui, le premier personnage de la famille qui vint en France, le *hardi puisné*, dont vient de parler le poëte, se serait appelé Marucini ou Maracina et aurait porté le titre de *Bano*, qui correspond, en Bulgarie, à celui de marquis. Une fois fixé en France, il aurait fait la traduction littérale de son nom, aurait changé *Bano* en marquis et Marucini, qui signifie *Ronce* ou *Roncière*, en *Ronsart*. Un pareil système me paraît difficile à admettre; il demanderait au moins à être accompagné de preuves qui, malheureusement, font défaut[1].

D'autres veulent que le nom primitif fût Korsart, qui signifie *cœur valeureux*. « Ronsard, dit Binet, signifie, en langue du pays, cœur chevalereux ; aussi les armes de ceste maison semblent l'exprimer, ayant pour tymbre un cheval, et dans l'escusson trois poissons, qu'on dit en la mesme

---

[1] *Voir*, pour de plus amples renseignements, *La famille de Ronsart*, par M. de Rochambeau.

langue se nommer Ross, c'est-à-dire chevaux, et se trouver dans le Danube. De là pourroit avoir esté nommée la seigneurie de la Poissonnière, maison paternelle de Ronsard. »

Partout, en effet, dans les monuments peints et sculptés, ainsi que dans presque tous les livres de blason, on retrouve ces armes, telles que Binet les décrit, comme appartenant aux Ronsard. Un seul auteur, Paillot, a longtemps jeté le trouble chez les érudits et les archéologues par la description d'armes qui sont : d'azur à trois *roses* d'argent. On crut d'abord que ces armes étaient personnelles à Ronsard, que peut-être elles lui avaient été données par Charles IX, comme témoignage particulier d'estime et d'affection ; mais il paraissait bien étonnant que le poëte qui s'intitulait toujours avec orgueil le *gentilhomme vendômois*, qui tenait tant aux prérogatives nobiliaires, pût échanger des armoiries comptant plusieurs siècles d'existence et ne rappelant que des souvenirs honorables, contre un blason d'aussi fraîche date. La question est enfin éclaircie aujourd'hui. Paillot n'avait pas vu de ses propres yeux les armes de Ronsard ; on lui aura très-probablement dit ou écrit qu'ils portaient d'azur à trois *ross;* ne comprenant pas ce mot étranger, il aura cru qu'il s'agissait de fleurs, de *roses*, et de là sera venue son erreur.

Quant à l'orthographe du nom, elle a souvent varié : on trouve successivement Rossart, Ronssart, Ronsart et enfin Ronsard, qui, pour le poëte, a été généralement adoptée, bien que les titres de famille, au seizième siècle, portent tous *Ronsart*.

Beaudoin de Ronsard vient donc en France vers 1530 ; il sert loyalement Philippe de Valois qui, en récompense de ses services, lui donne des terres sur les bords du Loir. Alors, dit le poëte,

> . . . . du tout oubliant
> Frères, père et pays, François se mariant
> Engendra mes ayeux. . . . .
> (Élégie XXe)

Descendant au sixième degré de Beaudoin, Loys de Ronsard, comme on l'a dit plus haut, était maître d'hôtel du roi. Dans ces derniers temps, sa figure, restée jusqu'ici dans l'ombre, a été remise en lumière. Tout jeune encore, il suivit la carrière des armes et accompagna François Ier à Marignan. Lorsque le roi revint de sa captivité en Espagne et qu'il dut laisser ses deux fils comme otages, c'est à Loys de Ronsard que fut confiée leur garde. « Pour la sagesse et fidélité qui estoit en lui, il fust choisi pour accompagner François, dauphin de Viennois, et Henry duc d'Orléans, ses enfans, en Espagne, pendant qu'ils y furent en hostage pour le roy leur père, d'où il les ramena, au grand contentement de la France[1]. » On a conservé de lui une lettre adressée *au grand maistre de France*, Mgr de Montmorency, pendant son séjour en Espagne ; elle n'offre qu'un intérêt très-médiocre.

On a également retrouvé, paraît-il, il y a peu de temps, dans les archives de la bibliothèque de Blois, un autre autographe de lui : c'est un compte des dépenses faites pendant le séjour des jeunes princes au château de Blois, en 1522.

Il avait épousé, comme on le voit par un contrat, existant encore, et passé devant deux notaires de la cour de Saint-Aignan, en Berry, le 2 février 1514, Jeanne Chaudrier, veuve de feu messire Guy des Roches, écuyer et seigneur de la Basne. Cette famille de Chaudrier était alliée aux meilleures maisons de France.

De cette union naquirent sept enfants, dont les deux aînés moururent en bas âge ; les autres furent :

Claude, né vers 1518 ;

Charles, curé d'Évaillé et protonotaire apostolique ;

Louise, qui épousa François de Crevant ;

Loys, qui fut abbé de Tyron ;

Et enfin, Pierre, le poëte.

[1] Binet.

Le vers que nous citions en commençant :

Presqu'aussitôt que né, de la Parque ravy,

fait allusion à un trait que l'on rapporte et où l'allégorie nous paraît tenir plus de place que la réalité : on veut que, tandis qu'on le portait à l'église
du village pour y recevoir le baptême, celle qui le
portait l'ait laissé tomber à terre : « Peu s'en falut
que le jour de sa naissance ne fût aussi le jour de
son enterrement : car comme on le portoit baptizer
du chasteau de la Poissonnière en l'église du lieu,
celle qui le portoit, traversant un pré, le laissa
tomber par mesgarde à terre, mais ce fust sur l'herbe
et sur les fleurs, qui le receurent plus doucement :
et eut encor cet accident, une autre rencontre qu'une
damoiselle qui portoit un vaisseau plein d'eau rose
et d'amas de diverses herbes et fleurs, selon la cous-
tume, pensant aider à recueillir l'enfant, lui ren-
versa sur le chef une partie de l'eau de senteurs,
qui fut un présage des bonnes odeurs, dont il
devoit remplir la France, des fleurs de ses doctes
escrits[1]. »

Les premières années de Pierre se passèrent au
château de la Poissonnière, où il demeura sous la

[1] Binet.

garde d'un précepteur jusqu'à l'âge de neuf ans (1533)[1].

Son père le mit à cette époque au collége de Navarre, où il contracta, avec le cardinal Charles de Lorraine, une amitié qui devait durer toute sa vie. Soit que le feu sacré de l'étude ne se fût pas encore allumé dans son âme, soit que sa jeune intelligence, accoutumée déjà à entendre dans le val du Loir, dans la solitude des bois, le langage de la poésie, se sentît mal à l'aise emprisonnée entre les murs d'un collége, il ne tarda pas à se dégoûter de cette nouvelle existence. La dureté pédantesque de son maître, le régent de Wailly, ne fut pas étrangère à ce dégoût de l'étude qu'il éprouva : il était

---

[1] Le château de la Poissonnière ou Possonière, dit M. de Rochambeau, n'a rien d'imposant ni de féodal dans son ensemble ; mais on y trouve des détails de l'architecture de la Renaissance, d'une inépuisable richesse. Il est probable qu'au seizième siècle il subit, sinon une reconstruction, du moins des restaurations importantes. Au-dessus de la porte de la façade du nord, on lit cette devise : *Avant partir.* Au-dessus des fenêtres, sont encore ces inscriptions d'un caractère si différent : *Voluptati et gratiis,* et *Veritas filia temporis.* Toutes sont précédées d'un grand E, et terminées par un L majuscule. La façade du midi, qui donne sur la cour intérieure, est la plus intéressante : au-dessus d'une grande fenêtre, on voit les bustes d'un seigneur et d'une dame. « Nous sommes tentés, ajoute-t-il dans une note, de placer cette reconstruction au commencement du seizième siècle, et de lui donner pour auteur Loys de Ronsard. » Voir à la suite, page 76 et suivantes, la description détaillée du château, particulièrement celle de la magnifique cheminée portant les armoiries de toutes les familles alliées aux Ronsard.

impossible d'ailleurs de l'attribuer à la faiblesse de son intelligence, car ses débuts avaient été marqués par les plus brillants succès, quoiqu'il prétende, dans ses vers, n'avoir rien appris au collége.

> Sitost que j'eu neuf ans au collège on me meine,
> Je mis tant seulement un demy an de peine
> D'apprendre les leçons du régent de Vailly,
> Puis, sans rien profiter, du collège sailly.

Quoi qu'il en soit, son père, instruit de son découragement, eut la grande sagesse de ne pas persévérer dans la voie où il s'était engagé, et le rappela à Avignon ; la cour s'y trouvait alors en passage. C'était en 1556 ; l'armée impériale s'avançait sur la frontière et allait entreprendre cette campagne, funeste pour elle, où l'énergie de Montmorency sauva la France d'un des plus grands dangers qu'elle ait courus. La France n'était qu'un vaste camp ; du Nord au Midi, l'ardeur était la même, et les généraux français avaient peine à faire respecter ce système de temporisation, qui fut, comme on le sait, fatal aux impériaux.

Pierre de Ronsard fut, dès son arrivée à la cour, attaché en qualité de page à la personne du dauphin François, prince dont les brillantes qualités donnaient les plus belles espérances. Le jeune page ne put guère le connaître ; car il n'était pas depuis six jours auprès de lui, que le prince mourait en passant à Tournon : on crut généralement à un empoisonnement, et le gouverneur italien, Montecuculli, fut arrêté, convaincu du crime et décapité. Ronsard paraît avoir toujours conservé du dauphin un tendre souvenir. Voici en quels termes, dans la pièce ayant pour titre : « *Le tombeau de Marguerite de France,* » il parle de celui qu'il a si peu connu.

Il (F^{çois} Ier) veit (car il estoit dans le ciel ordonné)
Trespasser à Tournon son premier fils aisné,
Qui de nom et de fait ressembloit à son père,
A qui jà la fortune, heureusement prospère,
Sourioit d'un bon œil, et jà dedans son sein,
Comme son cher enfant l'apastoit de sa main.

. . . .

Le Rosne le pleura, et la Saosne endormie ;
Mesme de l'Espagnol l'arrogance ennemie
Pleura ce jeune prince ; et le père, outrageux,
Contre sa propre teste, arracha ses cheveux.

. . . .

Six jours devant sa fin je vins à son service :
Mon malheur me permit qu'au lict mort je le veisse,
Non comme un homme mort, mais comme un endormy,
Ou comme un beau bouton qui se panche à demy,
Languissant en avril, alors que la tempeste,
Jalouse de son teint, lui aggrave la teste,
Et luy chargeant le col le fanit contre bas.

Il me semble que, tout en retranchant de ce long morceau l'emphase et l'exagération poétique, on peut discerner chez Ronsard un attachement durable pour ce jeune prince, qu'il ne fit qu'entrevoir.

Peu de temps après se préparait un événement politique qui eut trop d'influence sur la jeunesse du poëte, et dont les conséquences furent trop importantes, pour que nous le passions complétement sous silence.

François Ier, après le désastre de l'armée de Charles-Quint, retourna triomphant à Paris. Il rencontra sur son chemin le roi Jacques V d'Écosse, qui n'avait pu lui amener à temps les secours qu'il lui avait promis. Désireux de s'allier d'une manière plus étroite avec la France, et de donner un gage à la cause catholique, Jacques sollicita et obtint la main de Magdeleine de France, fille de François Ier.

> Ce roy d'Escosse estoit en la fleur de ses ans ;
> Ses cheveux non tondus comme fin or luisans,
> Cordonnez et crespez, flottans dessus sa face
> Et sur son col de laict, luy donnoient bonne grâce.
>
> . . . .
>
> Ce grand prince François, admirant l'estranger,
> Qui, roy chez un grand roy, s'estoit venu loger,
> Son sceptre abandonnant sa couronne et son isle,
> Pour le récompenser, luy accorda sa fille
> La belle Magdeleine, honneur de chasteté,
> Une Grâce en beauté, Junon en majesté.

Jacques partit, emmenant sa femme et Ronsard comme son page.

> . . . . Et tout ce faict je vey,
> Qui, jeune, l'avois page en sa terre suivy.

Mais, à peine débarquée, Magdeleine mourut entre les bras de son époux.

Ronsard ne retourna cependant pas en France immédiatement après la mort de Magdeleine : retenu, dit-il, par la bonté du prince, il fit, en Écosse, un séjour de deux années, après lesquelles il demeura encore six mois en Angleterre. Il put mettre ce temps à profit et étudier avec fruit la langue anglaise. Nous n'avons que peu de détails sur ce premier voyage de Ronsard à l'étranger. Nous savons seulement que c'est en Écosse, à la cour de Jacques V, qu'il fit la connaissance de ce seigneur Paul, qui, le premier, l'initia aux beautés de la littérature latine, en lui lisant fréquemment Virgile.

Peu s'en fallut, à cette époque, que la France ne perdît celui qu'elle avait nourri pour être la *trompette de sa renommée* ; car il eut un instant la pensée de se fixer en Angleterre ou en Écosse. Mais, soit d'après un ordre supérieur, soit seulement après une plus mûre réflexion, il revint, et servit, en qualité de page, le duc d'Orléans.

> Retourné je fus page au grand duc d'Orléans.

Ce duc d'Orléans était, on le sait, le troisième fils de François Ier ; il avait pris ce titre depuis que Henri, le deuxième fils, avait pris celui de dauphin.

Il donnait lieu alors à de grandes combinaisons politiques entre François Ier et Charles-Quint. Ce dernier, préoccupé de l'avenir de ses vastes États, proposait au duc d'Orléans la main de sa fille, la princesse Marguerite, avec les Pays-Bas pour dot, à la condition que François Ier donnerait à son fils un apanage considérable, que les Pays-Bas retourneraient à la maison d'Autriche, dans le cas où Marguerite n'aurait pas d'enfants et que les princes français renonceraient sans réserve à leurs droits sur le Milanais. Mais François Ier, qui se souvenait de Charles le Téméraire, eut peur de faire un duché de Bourgogne aux portes de la France, en même temps qu'il considérait comme une honte de renoncer aux prétentions sur le Milanais [1].

Les pourparlers n'aboutirent pas. Nous ignorons en quelle qualité Ronsard fut mêlé à ces questions politiques. Nous savons seulement qu'il fut envoyé en Flandre par le duc d'Orléans, son maître, et qu'il faillit périr pendant la traversée.

Le passage suivant, de l'épitaphe de François Ier, nous met au courant des projets des deux souve-

___

[1] Voir l'*histoire de France* de M. Dareste, t. IV.

rains. De Charles, dit Ronsard, en parlant du duc d'Orléans :

> De Charles, empereur, le gendre il se vantoit ;
> Déjà la bonne paix la terre fréquentoit,
> Mars s'enfuyoit en Thrace, et ce duc pensoit estre
> Déjà de la Bourgogne et de Milan le maistre.
> . . . .
> En magnifique pompe en Flandre il visita
> Par deux fois l'empereur qui benin le traita,
> Et luy promit sa fille. . . . .

Remarquons encore ce passage dans l'élégie XXe :

> A mon retour, ce duc pour page me reprint ;
> Longtemps à l'escurie en repos ne me tint,
> Qu'il ne me renvoyast en Flandres et Zélande, etc.

Un second voyage de Flandre en Écosse, fait en la compagnie d'un seigneur nommé Lassigny, fut signalé par une effroyable tempête : après mille péripéties, le vaisseau vint échouer dans la rade : « Le vaisseau auquel il estoit, fut tellement, durant trois jours, pourmené par la tempeste, qu'il cuida sur la coste d'Angleterre estre brisé contre un rocher : malheur, qui fut seulement différé, pour sauver principalement nostre futur Arion d'un tel naufrage [1]. »

[1] Binet.

Peu après, dans cette même année 1540, Ronsard fut attaché à une seconde ambassade : il accompagna, à la diète de Spire, Lazare de Baïf, le père de cet Antoine de Baïf qui devait être un des membres les plus fameux de la Pléiade. Lazare de Baïf était lui-même, en même temps qu'un diplomate distingué, un érudit et un poëte.

Ce voyage, outre son importance politique, eut encore, pour le jeune page, l'avantage de lui faire connaître la langue et la littérature de l'Allemagne.

> En l'an cinq cens quarante, avec Baïf je vins
> En la haute Allemagne où dessous luy j'apprins
> Combien peut la vertu.

Enfin, dans la même année, il accompagna en Piémont le gouverneur Guillaume de Langey, son parent; il dut évidemment, pendant son dernier voyage, se perfectionner dans la connaissance de l'italien, et prendre de la poésie une notion exacte, car nous verrons que ses premières œuvres sont calquées sur les modèles de Pétrarque et de ses imitateurs.

Ainsi se passèrent les premières années de Ronsard (1524-1540). Par un privilége, bien rare à cette époque, il eut le singulier bonheur de faire, dans les conditions les meilleures, dans la compa-

gnie d'hommes politiques ou militaires éminents,
tels que Langey et Baïf, les voyages les plus inté-
ressants que l'on pût faire alors. L'Angleterre, l'É-
cosse, l'Allemagne, l'Italie lui étaient connues ; il
avait été à même d'en étudier les mœurs, la langue,
les littératures. Peu de vies ont commencé, au seizième siècle, sous d'aussi brillants auspices.

Les divers voyages de Ronsard se trouvent ter-
minés vers la fin de 1540. Il revint auprès de la
cour, alors en résidence à Blois. Il rapportait, de
ses excursions à travers l'Europe, un goût prononcé
pour la poésie et surtout pour la poésie passionnée
et voluptueuse des Italiens. Nul doute qu'il n'eût lu
avec admiration les sonnets de Marulle et les vers
brûlants de Jean Second. Mais rien ne nous prouve
que, jusque là, il se fût senti poëte lui-même; aucune pièce ne paraît avoir été écrite avant son séjour à Blois.

Il avait contracté, pendant ses voyages, une infirmité précoce qui ne le quitta plus, et ne laissa pas
d'exercer sur le reste de sa vie une certaine influence : tout jeune encore il fut frappé de surdité,
et, dès lors, se trouvant gêné à la cour, il se jeta avec
d'autant plus d'ardeur du côté de l'étude et de la
poésie [1]. Il profita alors, avec bonheur, des pré-

[1] Voir *Vie de Ronsard*, t. VIII, p. 10, édit. elzevirienne ; et
Sainte-Beuve, *Tableau de la poésie française au seizième siècle*.

cieuses leçons du chevalier Paul et, s'adonnant à
Virgile, il l'apprit presque en entier par cœur, sans
négliger pour cela les lettres françaises, car il faisait ses délices des œuvres de Jean Lemaire, du roman de *la Rose*, de Marot et de Saint-Gelais.

Telle était la disposition d'esprit de Ronsard,
lorsque, se promenant dans les prairies qui bor-
dent la Loire, il fit la rencontre de celle qui devait
régner sur son cœur pendant sa première jeunesse :
il avait trouvé son idéal, dit M. Blanchemain; il
était poëte :

> Dedans un pré, je veis une naïade
> Qui, comme fleur, marchoit dessus des fleurs,
> Et mignottoit un bouquet de couleurs,
> Échevelée, en simple verdugade ;
> De son regard ma raison fut malade. Etc.

Sonnet XCI :

> Sous le crystal d'une argenteuse rive,
> Au mois d'avril, une perle je vy
> Dont la clairté m'a tellement ravy
> Qu'en mon esprit autre penser n'arrive.

Sonnet CXXXVI :

> Ville de Blois, naissance de ma dame,
> Séjour des rois et de ma volonté,
> Où jeune d'ans, je me vy surmonté
> Par un œil brun qui m'outre perça l'âme.

Sonnet CLIX :

> Voicy le bois que ma saincte Angelette,
> Sur le printemps, rejouist de son chant ;
> Voicy les fleurs où son pied va marchant,
> Quand à soy même elle pense seulette.

Quel fut l'objet de ce premier amour ? C'est ce qu'il nous est, jusqu'à présent, impossible de savoir : Cassandre est le seul nom sous lequel il l'ait fait connaître ; nous sommes seulement en mesure d'affirmer qu'elle était de bonne maison et qu'elle allait à la cour.

« Doncques, (dit Remy Belleau, dans son commentaire du second livre des *Amours*), s'accommodant à l'esprit de sa seconde maîtresse qui *n'estoit une fille de cour comme la première*, ains une fille de quelque bourgade champestre....... Il suit un nouveau style. »

Ce ne fut, pour ainsi dire, qu'afin d'occuper ses loisirs et pour se conformer à la mode générale que Ronsard chanta Cassandre dans le principe : « Encore, dit Duperron dans l'oraison funèbre, encóre que, dans le commencement, il ne s'adonnast à cette profession que comme en se jouant..... quand il vit que ses vers étoient leus avec louange, il s'y eschauffa et affectionna à bon escient. »

Tout en chantant ainsi, force fut au jeune poëte

de suivre la cour dans ses voyages : il revint à Paris, tenant encore ses premières productions soigneusement cachées. Il habitait alors, avec son père, le palais des Tournelles, où le retenait son service de page aux écuries. Le nouveau roi Henry lui montrait, paraît-il, beaucoup de bienveillance, et Binet va presque jusqu'à se réjouir que l'infirmité précoce de son maître et ami l'ait détourné des intrigues de cour, où il eût été appelé à réussir : « J'appelleray toutefois ce malheur bienheureux, dit-il, qui fut cause que Ronsard qui, pour s'avancer près des grands par le chemin des courtisans, eust peut-être perdu son temps inutilement, changea de dessein, et reprit les estudes laissées, encore qu'il eust jà assez bonne part aux grâces du roy Henry II..... Tesmoin lorsque le roy fit partie au balon dans le Pré-aux-Clers, avec M. de Longueville, où le roy ne voulut jamais commencer le jeu sans qu'il y fust, et dit tout haut, après avoir gaigné, que Ronsard en était la cause. » — Parole qui dut faire sensation parmi les compagnons du jeune page, et exciter plus d'un envieux.

Ronsard, âgé de vingt-cinq ans, était alors dans tout l'éclat de l'élégance et de la jeunesse. « Il estoit d'une stature fort belle (dit toujours son biographe), avait les membres forts et proportionnez, le visage noble, libéral et vrayement françois, la barbe blondoyante , les cheveux chastains, le nez aquilain, les yeux pleins d'une douce gravité et le front fort serein..... » Parmi les nombreux portraits qu'on a conservés de lui , celui qui parut en tête de la première édition de ses *Amours* (*Amours de Pierre de Ronsard , Vendômois, ensemble le V*e *livre de ses Odes*, 1552), se rapporte assez exactement à la description qu'on vient de lire. C'est le portrait gravé sur bois, qui fait face à celui de Cassandre; autour du cartouche qui relie les deux portraits, on lit l'inscription grecque : ΩΣ ΙΔΟΝ ΩΣ ΕΜΑΝΗΝ. — Au-dessous sont placés ces vers :

> Tel fut Ronsard, autheur de cest ouvrage ;
> Tel fut son œil, sa bouche et son visage,
> Portraict au vif de deux crayons divers,
> Icy le corps, et l'esprit en ses vers.

Les exercices du corps, la lecture , et probablement même à Paris, loin de l'objet de son amour, la poésie, se partageaient les journées de Ronsard. Nous devons dire que, jusqu'ici, les premiers paraissaient y avoir occupé la première place. Le soin donné au corps , le développement physique, la grâce et l'agilité des mouvements entraient au seizième siècle, pour une très-grande part, dans le programme de toute éducation, et nous voyons que le vieux Daurat, après avoir instruit Ronsard, lui avoir enseigné grec, latin et poésie , était loin de dédaigner cette seconde partie du développement de son élève.

. . . . O flos virûm et,

dit-il, dans une ode qu'il lui adresse,

> Decus olivi, aut illius
> Virilis quo oblinitur,
>   Et artus terit
>   Amyclæa pubes :
> Aut illius quod hilares
> Fere Camœnæ obolent.

Mais cependant, cette vie élégante et facile, à laquelle tant d'hommes aspiraient, ne pouvait suffire à l'imagination ardente de Ronsard; quand il revenait à ses lectures favorites, à Virgile, aux poëtes français déjà cités, dont il se vante avec orgueil d'avoir tiré de riches limures d'or, comme Virgile des œuvres d'Ennius, il se sentait de plus en plus attiré vers la poésie. Il se décide donc à demander à son père l'autorisation de reprendre sérieusement les études que les circonstances lui ont fait interrompre, autorisation qui lui est accordée, mais à la condition expresse qu'il ne lira aucun livre français, et qu'il ne se livrera pas au culte des Muses,

dont son père redoutait le commerce pour lui.
Étrange illusion chez un homme doué pourtant
d'un grand sens ; comme si une telle défense pouvait rien contre les instincts du poëte ; comme si
une faible digue pouvait s'opposer à la course d'un
torrent ; comme si quelque chose au monde pouvait entraver la marche du génie ! Dès lors, nous
allons voir Ronsard donner un libre essor à ses
goûts, et, se livrant tout entier aux Muses, poursuivre sans interruption ses *honnestes labeurs*.

CHAPITRE II

Depuis quelque temps déjà , Ronsard, se dérobant aux séductions de la cour, aimait à traverser la Seine et à venir dans le quartier de l'Université, où habitait Lazare de Baïf, l'ancien ambassadeur qu'il avait autrefois accompagné. (Sa maison , on en a acquis récemment la certitude, était située dans la rue des Fossés-Saint-Victor, à peu près sur l'emplacement actuel de la rue des Écoles). Le jeune fils de Lazare, Antoine, né à Venise , étudiait sous la direction du savant Daurat. Voici en quels termes Antoine de Baïf, dans son épître dédicatoire au roi Charles IX, raconte son enfance et son éducation :

      . . . . Mon père qui alors
Alloit, ambassadeur pour vostre ayeul dehors,

Du royaume, en Almagne, et menoit au voyage
Charle Etiene, et Ronsard, qui sortoit hors de page :
Etiene, médecin, qui bien parlant estoit;
Ronsard, de qui la fleur un beau fruit promettoit;
Mon père entre les mains du bon Tusan me lesse,
Qui chez luy nourrissoit une gaye jeunèsse,
De beaux enfans bien nez, de soir et de matin,
Leurs oreilles batant du grec et du latin.....
Là quatre ans je passay, façonnant mon ramage
De grec et de latin et de divers langage.....
De là (grand heur à moy) mon père me retire,
Me baille entre les mains de Dorat pour me duire,
Dorat, qui, studieux du mont Parnasse avoit
Reconnu les détours, et les chemins savoit,
Par où guida mes pas.

Jean Dinemandy, connu sous le nom de Dorat, d'Aurat ou Daurat, jouissait alors d'une renommée universelle. Il est impossible d'étudier la littérature de la seconde moitié du seizième siècle, sans avoir souvent à prononcer son nom. Ce n'est pas, à coup sûr, que son œuvre ait une très-grande importance; nous n'avons de lui presque rien de remarquable; mais sa grande gloire, son éternel honneur, ce sera d'avoir, le premier, « destoupé la fontaine des Muses par les outils des Grecs et le réveil des sciences mortes, et d'avoir été la source qui a abreuvé nos poëtes des eaux Pieriennes. » Daurat fit-il partie de la Pléiade? la réponse est douteuse; quelques historiens ne l'y placent pas; mais s'il n'en était pas lui-même , on peut dire hardiment qu'il en a été le père ; sans lui , sans ses doctes leçons et ses sages conseils, nous n'aurions ni Baïf, ni Belleau, ni Jodelle, ni surtout Ronsard. François Ier, qui avait su reconnaître son rare mérite, l'avait nommé précepteur de ses pages ; temps vraiment singulier et digne de toute notre admiration, que celui où un semblable professeur était choisi pour l'éducation de la jeunesse de la cour !

Bientôt après, la direction du collége de Coqueret venant à être vacante, était confiée au docte Daurat, qui voyait se presser autour de sa chaire tout ce que Paris contenait à la fois de plus élégant et de plus lettré. On remarquait, dans cette belle assemblée, des noms destinés à la célébrité : Baïf, Belleau, Lancelot de Carles, Marc-Antoine de Muret et enfin Ronsard. Ce dernier conserva toujours un tendre souvenir de son maître et une profonde gratitude envers lui ; il ne cessa jamais de reconnaître tout ce qu'il lui devait et de le proclamer bien haut. Dans ses premières compositions poétiques, il lui consacre une ode, dans laquelle il s'écrie avec enthousiasme :

> Puissè-je entonner un vers
> Qui raconte à l'univers

Ton los porté sus son aile,
Et combien je fus heureux
Succer le laict savoureux
De ta féconde mammelle !
Sur ma langue doucement,
Tu mis, au commencement,
Je ne scay quelles merveilles
Que vulgaires je rendy
Et premier les espondy
Dans les françoises oreilles.

(*Recueil des Odes*. P. 1529. Ed. 1623).

Il y avait entre ces jeunes esprits, ardents au travail, passionnés pour les lettres, une sorte d'émulation aimable, de douce rivalité, dont les fruits furent heureux pour la littérature française. Daurat ayant lu à Ronsard la tragédie du *Prométhée enchaîné*, il en fut dans l'admiration ; mais son enthousiasme ne connut plus de bornes, à la lecture de la traduction qui lui en fut faite ensuite.

C'est à ce moment qu'il conçut la pensée de mettre en vers le *Plutus* d'Aristophane, pensée qu'il réalisa. Malheureusement, cette pièce est, en grande partie, perdue ; mais les quelques vers qui en restent suffisent pour donner une idée du ton général et du mérite de la pièce, et pour faire voir que Ronsard, s'il l'eût voulu, aurait pu réussir dans la comédie aussi bien que dans le genre lyrique. On y peut remarquer quelques passages d'une versification coulante et facile et d'un comique agréable.

Ce fragment, publié à la fin des œuvres du poëte (éd. 1623), fut retrouvé dans les papiers de Ronsard, et publié avec ces vers de Garnier, comme préface :

> A vingt ans le grand Vendômois,
> Sortant de la maison des roys,
> Mit cette comédie entière
> Dessus le théâtre en lumière.
> Au bout de soixante et douze ans,
> Comme une relique du temps,
> Ce fragment que sa dent nous laisse,
> Est mis au jour devant les yeux
> Sur le théâtre de la presse,
> Afin qu'il y reluise mieux.

Évidemment Ronsard, parvenu au terme de sa gloire, alors qu'il était, pour ainsi dire, considéré comme un Dieu, que chacun de ses vers paraissait un oracle, eût désavoué cette production hâtive, se ressentant encore de la timidité de la traduction et de l'inexpérience du jeune âge; mais il est assez intéressant pour nous d'étudier les premières productions de notre poëte, dans lesquelles nous découvrons le germe de précieuses facultés.

C'est surtout vers le grec que Daurat dirigeait l'esprit de ses élèves : Homère, Eschyle, Aristophane se partageaient leurs travaux. Ils étudiaient tous avec zèle cette langue, nouvelle pour la France, et qui, un instant, au seizième siècle, sembla vouloir détrôner le latin et lui enlever une supériorité, incontestée jusque-là.

Nous ne pouvons, en relisant ces détails, empruntés aux récits des contemporains, nous empêcher d'admirer le courage, l'énergie de ces hautes intelligences. N'avaient-il pas le feu sacré des lettres, ces deux jeunes gens qui passaient leurs nuits à apprendre à la fois (par un procédé spécial à Daurat) le grec et le latin? « Ronsard, qui avoit esté nourri jeune à la cour, accoustumé à veiller tard, continuoit à l'estude jusques à deux ou trois heures après minuit, et, se couchant, réveilloit Baïf qui se levoit, prenoit la chandelle et ne laissoit refroidir la place[1]. »

Ils purent sans doute retirer de cet enseignement abstrait quelques habitudes pédantesques ; leur langage se ressentit trop de leur intime cohabitation avec les auteurs anciens. Mais on doit voir en eux autre chose que des écoliers et des pédants. Nous rions volontiers, avec Rabelais, de cette ridicule manie de parler un langage qui n'était ni grec, ni latin, ni français ; mais nous ne voyons encore, dans cette erreur même, qu'une noble illusion. Ils se

---

[1] Binet.

sont mépris sur le génie de notre langue. Vivement frappés par les béautés étrangères, ils ont voulu les acclimater chez nous, oubliant qu'il en est de la langue d'un peuple comme de son climat, et que l'un ne se refait pas plus que l'autre. Ils ont échoué, comme il fallait s'y attendre ; mais il y aurait injustice à trop critiquer leur erreur. Pour un instant, supposons-nous à leur place, entrons dans le cercle de leurs idées, et demandons-nous si nous n'aurions pas été tenté d'agir comme eux, et surtout si, l'ayant fait, nous n'aurions pas cédé à la même ivresse, nous pourrions dire à la même naïveté d'orgueil.

Sept ans s'écoulent dans ces doctes études, consacrées d'une façon toute spéciale à la langue grecque. Homère et les tragiques, une fois étudiés sérieusement, Daurat poussa plus avant, et, cédant aux instances de Ronsard, initia ses élèves aux poëtes d'un abord plus difficile, aux lyriques, à Pindare et à Lycophron. Cette dernière étude révéla à Ronsard son véritable génie ; il avait entrevu un horizon tout nouveau : *il allait faire quelque chose après Pindare.*

C'est en 1549, dernière année de cette longue retraite, que Ronsard, rentrant de Poitiers à Paris, fit, par hasard, la connaissance de Joachim de Bellay, qui devait se faire plus tard un nom illustre dans les lettres. Celui-ci étudiait le droit quand

Ronsard le rencontra dans une hôtellerie : la conversation s'engage et on vient à parler poésie. Ronsard devint si éloquent, que le jeune jurisconsulte cède aux conseils de son nouvel ami, vient se mettre sous la direction de Daurat et se livre, sans réserve, au commerce d'Apollon.

Voici en quels termes Colletet, dans sa *Vie manuscrite des poëtes français*, parle de l'émulation qui régnait au collége de Coqueret. « Les vers de du Bellay éclattèrent de telle sorte en France que, parmy les curieux de ces productions nouvelles, et parmy les hommes sçavants, on ne parloit d'autres choses que des amours de du Bellay pour Olive (un anagramme qui désignoit une damoiselle des Viole), et de Ronsard pour Cassandre. Ainsy c'estoit à qui feroit mieux, tantost sur le sujet de l'amour, qui, dès lors, dit un autheur de ce temps là, quitta l'Italie pour venir en France, tantost sur quelque autre sujet que les diverses occasions du temps leur présentoient. Mais comme le bruit s'épandoit partout de quatre livres d'odes, que Ronsard promettoit à la façon de Pindare et d'Horace, comme il arrive souvent que les bons esprits sont jalous les uns des autres, du Bellay voullut s'essayer à en composer quelques-unes sur le modèle de celles de Ronsard et, trouvant moyen de les tirer de son cabinet à son insceu et de les voir, il en composa et les fit aussy tost courir pour prévenir la réputation de Ronsard et, y ajoutant quelques sonnets, il les mit ensuite en lumière, en l'an 1549, soubs le titre de : *Recueil de poésies*, ce qui fit naître dans l'esprit de nostre Ronsard, si non une envie noire, à tout le moins, une jalousie raisonnable contre du Bellay, jusques à intenter une action contre lui pour le recouvrement de ses papiers, et les ayant ainsy retirez par la voie de la justice, comme il estoit généreux au possible et comme il avoit de tendres sentiments d'amitié pour du Bellay, dont il exaltoit hautement le mérite, il oublia toutes les choses passées et luy rendit son amitié. » Il alla même plus loin : frappé des beautés de ces premières odes, il engagea son rival à poursuivre dans une voie où il avait si bien réussi, et rien ne vint plus désormais troubler l'harmonie qui présidait à leurs rapports. Du Bellay ne cessa jamais de reconnaître Ronsard pour son maître : c'est ainsi qu'il lui a consacré deux pièces, l'une latine, l'autre française, qui ont été conservées en tête du Ier livre des *Amours*.

Voilà donc un membre de plus dans le petit cénacle du faubourg Saint-Marcel, ou, pour parler plus exactement, dans *la brigade*, germe de cette célèbre Pléiade qui, pendant une bonne partie du seizième siècle, garda, sans contestation, le sceptre de la science et de la poésie.

Chose remarquable ! il y avait sept ans déjà que Ronsard versifiait. Il s'était essayé dans le sonnet et dans l'ode, dans le madrigal et l'élégie, et, cependant, il n'avait rien encore publié. Il avait vu du Bellay prendre les devants sur lui ; il avait résisté à ce désir, si fréquent chez les poëtes ; il avait jusqu'ici paru dédaigner la célébrité. Ses odes n'étaient connues que des rares privilégiés admis à faire partie de la Pléiade. Il laisse du Bellay commencer, dans la *Défense et illustration de la langue française,* à attaquer « *les soldats de l'ignorance.* » Il laisse dit M. Gandar, Pelletier publier, avant lui, ses odes, et Jodelle se glorifier d'avoir mis le premier, sur la scène, la comédie grecque. Ni les suffrages du peuple qu'il méprise, ni les joies de la lutte pour laquelle il se sent fait et de la victoire qu'il se promet, ni le désir de prendre, à la cour, la place qui appartient au roi des poëtes, à côté du roi de France ne le décident à mettre ses œuvres au jour, bien qu'elles soient parfaites... dignes de lui-même et des modèles qu'il veut égaler. » Il y a, dans cette inébranlable patience, dans cette invincible résolution, dans cette calme confiance qui attend sans crainte, parce qu'elle compte sur l'avenir, quelque chose qui fait pressentir ce que sera le génie de Ronsard. Il ne veut pas céder à l'emportement irréfléchi de la jeunesse, à la complaisance de l'auteur pour son œuvre; fidèle au précepte d'Horace :

Nonumque prematur in annum,

il attend un moment favorable, il ne veut descendre dans la lice qu'armé de toutes pièces; il veut frapper, mais de main de maître. (Préface de l'éd. de 1559.)

Enfin, en 1549, il publie d'abord l'*Épithalame d'Antoine de Bourbon et de Jeanne de Navarre;* puis, en 1550, *l'Hymne de la France* et l'*Ode de la Paix.* Mais ce ne sont encore là que des publications d'une importance secondaire, l'événement capital, c'est l'apparition si attendue des Odes, en 1550. Elle occasionna une véritable révolution littéraire, et la préface, qui parut en tête des quatre livres d'Odes, eut, au seizième siècle, autant de retentissement que celle du *Cromwell* de V. Hugo, au dix-neuvième siècle. Le trouble se mit dans les rangs de l'ancienne école; les continuateurs du vieux genre français, les disciples de Marot se virent menacés et voulurent soutenir la lutte avec acharnement.

La préface de Ronsard est assurément fort connue; néanmoins, je crois nécessaire d'en citer une partie pour indiquer où en était le débat littéraire en 1550, et les idées que le poëte y vint apporter :

« Quand tu m'appelleras, lecteur, le premier auteur lyrique françois, et celuy qui a guidé les autres au chemin de si honneste labeur, lors, tu me rendras ce que tu me dois et je m'efforceray de t'apprendre qu'en vain je ne l'aurai reçu ;... désirant m'approprier quelque louange encores non commune ny attrapée par mes devanciers, et ne voyant en nos poëtes françois chose qui fust suffisante d'imiter, j'allai voir les estrangers et me rendy familier d'Horace..... Quand tu liras quelques traits de mes vers qui se pourroient trouver dans les œuvres d'autrui, inconsidérément tu ne me diras imitateur de leurs escrits ; car *l'imitation des nostres m'est tant odieuse...* que je me suis esloigné d'eux, prenant stile à part, sens à part, œuvre à part, ne désirant avoir rien de commun avec si monstrueuse erreur. Doncques, m'acheminant par un sentier incogneu et monstrant le moyen de suivre Pindare et Horace, je puis bien dire (et certes sans vanterie) ce que lui-même modestement tesmoigne de luy :

> Libera per vacum posui vestigia princeps,
> Non aliena meo pressi pede.....

Puis il ajoute plus loin : « Je ne fais point de doute que ma poésie tant variée, ne semble fascheuse aux oreilles de nos rimeurs, et principalement des courtisans, qui n'admirent qu'un petit sonnet *pétrar-quisé*, ou quelque mignardise d'amour qui continue toujours en son propos. Pour le moins, je m'asseure qu'ils ne me sçauroient accuser, sans condamner premièrement Pindare, autheur de telle copieuse · diversité, et outre que c'est la sauce à laquelle on doit gouster l'ode. »

Il fait longuement valoir, dans cette préface, l'autorité des anciens, sur laquelle il veut s'appuyer uniquement, et il renvoie à Horace et à Pindare tous ceux qui auraient quelque critique à lui faire. « Tant s'en faut, ajoute-t-il, que je prenne garde à l'ignorant, que ce me sera plaisir de l'entendre japper et caqueter, ayant pour ma défence l'exemple de tous les poëtes grecs et latins... Ces petits lecteurs poëlastres, qui ont les yeux si aigus à noter les frivoles fautes d'autruy, le blasmant pour un **A** mal escrit, pour une rime non riche... montrent leur peu de jugement... Pour telle vermine de gens, ignorantement envieuse, ce petit labeur n'est publié, mais pour les gentils esprits, ardents de la vertu, etc. »

Nous nous arrêtons, car il faudrait tout citer ; nous nous contentons de renvoyer le lecteur curieux à la fin de la préface, où il excuse ou plutôt justifie son orgueil. Comme nous le disions tout à l'heure, c'est un véritable manifeste, qu'il est cu-

rieux de rapprocher de son *Art poétique*, de *l'Illustration de la langue française*, de du Bellay et
de *la Poétique* de Vauquelin de la Fresnaye.

Il n'entre pas dans le cadre de cette étude d'examiner ici les Odes et Sonnets compris dans cette
première publication ; nous nous bornerons à suivre pas à pas la vie du poëte. Il était seulement nécessaire de donner quelques détails sur cet exposé
de ses idées et sur le but qu'il se proposait d'atteindre, pour aborder, en connaissance de cause,
la polémique dont nous allons avoir à nous occuper
maintenant.

CHAPITRE III

Lorsque Ronsard, publiant sa préface en 1550, exceptait de ceux qu'il appelait des poëtastres Marot, Scève, Heroët et Mellin de Saint-Gelais, il savait bien que son exception n'était qu'illusoire et que ces poëtes devaient se considérer comme atteints par les traits qu'il décochait sur l'ancienne école. Aussi voyons-nous immédiatement un parti considérable, tant par le nombre que par le talent, se former contre lui, et la lutte s'engager, de part et d'autre, avec une égale violence.

Au fond, et en dégageant du débat les questions de personnes qui y interviennent toujours inévitablement, c'était à peu près la grande question des Anciens et des Modernes qui venaient de se poser au seizième siècle ; c'était la première période sérieuse de ce fameux combat qui devait diviser le dix-septième siècle et la majeure partie du dix-huitième, pour venir se représenter sous une autre face au dix-neuvième.

Ronsard invoquait, comme modèles, Homère, Pindare, Horace et Virgile ; il voulait seulement les traduire trop fidèlement, et, sans s'en apercevoir, il faussait le génie de la langue française.

L'autre école maintenait les priviléges du génie national, et se contentait de suivre les traditions inaugurées par Jean de Meung, continuées par les premiers poëtes du seizième siècle.

Les spectateurs de ce tournoi littéraire n'étaient pas indignes de l'importance de la lutte : le nouveau roi Henri II, sans avoir les talents poétiques de François Ier, son père, et de Charles IX, son fils, prenait cependant le plus grand intérêt à tout ce qui touchait les lettres ; mais, dans le principe du débat, toutes ses préférences sont pour les adversaires de Ronsard. « Son aumônier, dit Sainte-Beuve, c'est l'ami de Marot, Mellin de Saint-Gelais ; son poëte en titre, c'est François Habert, le disciple des deux précédents. »

A ses côtés, nous voyons une femme, Marguerite, sa sœur, jeune, belle et charmante ; elle est là pour maintenir la courtoisie de la lutte, parer les coups et guérir les blessures. Placée entre deux autres Marguerite, la reine de Navarre et la reine *Margot*,

qui se sont rendues célèbres, l'une, par son talent
d'écrivain, l'autre, par ses désordres, éclipsée par
elles, la duchesse de Berry, fut une des femmes les
plus distinguées de son temps. Elle sut faire de
Bourges un centre intellectuel, qui rivalisa avec
Paris et Nérac. Ce fut à sa tutélaire influence que
Ronsard dut, comme poëte, les premières faveurs
d'Henri II. « Ronsard, dit M. Blanchemain, eût
succombé sous une raillerie appuyée par un sourire
du roi, si la duchesse de Berry, la belle Marguerite
de France, n'eût elle-même pris en main la défense
de son auteur préféré. » On peut voir, comme
preuve manifeste de l'intérêt qu'elle portait à Ronsard, la lettre adressée à la reine-mère, conservée à
la Bibliothèque nationale et publiée dans l'édition
elzévirienne. Disons en passant, au sujet de cette
princesse, que quelques critiques ont été jusqu'à
se demander si elle n'avait jamais inspiré à Ronsard que du respect et de la vénération ; ils crurent
voir percer, sous ces voiles, un sentiment plus
tendre, et ils remarquent que les sonnets, adressés
à Sinope, parurent l'année même où la princesse
épousa le prince de Savoie. Que faut-il conclure de
ces coïncidences ? Nous ne savons ; mais il nous
semble qu'il est de ces mystères que l'on ne doit pas
chercher à pénétrer, et qui gagnent à rester dans
le vague d'un demi-jour. — Ne demandons pas aux

poëmes de Ronsard de nous révéler un secret, dont, peut-être, il ne s'est pas rendu compte lui-même, ou que, dans tous les cas, il n'a pas voulu s'avouer[1].

Ronsard est vigoureusement attaqué à la cour par les poëtes qui sont en possession de la gloire, et par les courtisans. « Ceux qui n'avoient occasion de le reprendre, s'ils n'accusoient leur ignorance, avoient recours aux sornettes et aux mocqueries, lisans au roy ses vers tronquez et les prononçans de mauvaise grâce, mesme les mots non communs, d'une ignorante et courtisane impudence. et faisant courir contre luy leurs calomnieux et fades escrits[2]. » — Ce n'étaient pas là des adversaires bien sérieux ni bien redoutables ; mais il y avait surtout à compter avec les vrais savants, avec ceux qui blâmaient hautement le genre obscur et emphatique que Ronsard introduisait dans la poésie française. « D'autres, qui sembloient procéder avec plus de jugement, disoient que ses escrits étoient pleins de vanteries, d'obscurité et de nouveauté, et le renvoyaient bien loin avec ses odes Pindariques, strophes, et antistrophes, tournans toutes choses en risée. » Mellin

---

[1] Voir dans le t. VII, édit. elz., l'épitaphe de cette princesse. Il est impossible d'y remarquer aucune trace, non-seulement d'amour, mais même d'une émotion un peu violente.

[2] Binet.

de Saint-Gelais, le poëte favori de la cour, ne se gêne pas pour railler le novateur, et pour l'accabler de ses plus violentes invectives.

On a retrouvé dernièrement des strophes que Ronsard adresse à la duchesse de Berry, et qui jettent un jour tout nouveau sur la question qui nous occupe. Elles sont postérieures à la querelle, et ont pour but de remercier Marguerite du rôle qu'elle y a joué.

> N'est-ce pas toi, vierge très-bonne,
> Qui ne peult souffrir que personne
> Devant tes yeulx soit mesprisé,
> Et qui tant me fut favorable
> Quand par l'envieux miserable
> Mon œuvre fut *Mellinisé?*
>
> Lorsqu'un blasmeur avec ses rôles,
> Pleins de mes plus braves paroles
> Et des vers qui sont plus les miens,
> Grinçoit la dent envenimée
> Et aboyoit ma renommée
> Comme au soir la lune est des chiens.
>
> Se travaillant de faire croire
> Au roy ton frère que la gloire
> Me trahissoit villainement,
> Et que par les vers de mon œuvre
> Autre chose ne se desœuvre
> Que mes louanges seulement.

La cause réelle de la lutte, on peut s'en rendre compte en lisant ces vers, était une rivalité, une jalousie de métier.

Ronsard reproche à Saint-Gelais de lui dérober ses meilleurs vers, ceux qui, dit-il, « sont le plus les miens, » pour se les approprier.

Mellin, dans le fond, craignait de voir grandir un rival, dont la renommée pourrait, un jour, dépasser la sienne.

Une réconciliation fut cependant tentée entre les deux ennemis. Jusqu'à quel point réussit elle ? C'est ce qu'il est très-difficile de savoir exactement. L'influence de Marguerite ne fut point étrangère à ces tentatives de rapprochement. Celui qui s'interposa directement, fut un ami des deux poëtes, Guillaume des Autels :

> Comment pourroit ce mortel fiel

dit-il, en s'adressant à Mellin,

> Abreuver ta gracieuse âme,
> O Mellin, Mellin tout de miel,
> Mellin, toujours loin de tel blasme ?
> Et toi, divin Ronsard, comment
> Pourroit ton haut entendement
> S'abaisser à ce vil courage ?
>
> . . . .
>
> Je ferois la paix éternelle
> De saint Gelais et de Ronsard.

Ronsard, cédant à ces pressantes instances de des Autels, consentit à pardonner à Mellin. Il cessa toute invective contre lui, et alla même jusqu'à supprimer cette dernière strophe de l'*Ode sur la mort de la reine de Navarre*, strophe qui avait été un des principaux brandons de la discorde :

> Escarte loin de mon chef
> Tout malheur et tout meschel ;
> Préserve-moy d'infamie
> De toute langue ennemie
> Et de tout acte malin,
> Et fay que devant mon prince
> Desormais plus ne me pince
> La tenaille de Mellin.

On sait qu'il composa spécialement, à l'occasion de cette réconciliation, l'ode XXIe du livre IV :

> Toujours ne tempeste enragée,
> Contre ses bords, la mer Égée.

Il y déclare hautement sa ferme résolution de vivre désormais en bonne intelligence avec son rival :

> . . . .
> Pour ce, Mellin, qu'on me fist croire,
> Qu'en fraudant le prix de ma gloire,
> Tu avois cacqueté de moy ;
> Et que d'une longue risée,
> Mon œuvre, par toy méprisée,

Ne servit que de farce au roy ;
Mais ores, ores que tu nies
En tant d'honnestes compagnies
N'avoir mesdit de mon labeur
Et que ta bouche le confesse.
En présence de nous, je laisse
Ce despit qui m'ardoit le cœur.

. . . .

Dressant à notre amitié neuve
Un autel, j'atteste le fleuve
Qui des parjures n'a pitié
Que ny l'oubli ny le temps mesme,
Ny la rancœur ny la mort blesme
Ne donou'ront notre amitié.

Tout nous porte donc à penser que, dans cette circonstance, Ronsard fut de bonne foi, et que, franchement et sans arrière-pensée, il tendit la main à Mellin. En fut-il de même du vieux poëte? Voilà ce qu'il est plus difficile de savoir. Il publie bien, comme gage de sa réconciliation, un sonnet qui ferait même supposer que, rivaux en poésie, ils le furent aussi en amour :

D'un seul malheur se peut lamenter celle
En qui tout l'heur des astres est compris ;
C'est ô Ronsard, que tu ne fus épris
Premier que moi de sa vie étincelle,
Son nom cogneu par ta veine immortelle,
Qui les vieux passe et les meilleurs esprits
Après mille ans seroit en plus grand pris
Et la rendroit le temps toujours plus belle...

Peussé-je au moins mettre en toy de ma flame,
Ou toy en moy de ton entendement
Tant qu'il suffist à louer telle dame ;
Car estant tels nous faillons grandement,
Toy de pouvoir un autre sujet prendre,
Moy d'oser tant sans forces entreprendre.

Mais ce sonnet, qui se trouve dans les œuvres de Ronsard comme lui étant adressé, se rencontre, au contraire, dans celles de Mellin, comme dédié à Marot.

Ronsard eut l'honneur de compter parmi ses défenseurs l'illustre l'Hôpital, qui était alors chancelier de Marguerite de Berry. Il composa, pour la défense des novateurs qui, en réalité, n'étaient, au contraire, que des classiques, une satire en vers élégiaques, qui ne manque pas de talent et offre un intérêt réel. Nous y remarquons le passage suivant, où il reproche à Mellin de Saint-Gelais, d'avoir estropié les vers de Ronsard, en les récitant devant le roi :

Diceris ut nostris excerpere carmina libris,
Verbaque ; judicio pessima quæque tuo
Trunca palàm regi recitare et regis amicis :
Quo nihil improbius gignere terra potest.....
O cæcum invidiæ crimen ! non cernis, ut intus
Non mea, sed mores rideat ille tuos?

On voit que Ronsard compta dans les rangs de

la troupe dont il était le chef, des partisans puissants et influents.

Il eut, par exemple, un adversaire peu sérieux et peu acharné, si l'on veut, mais avec lequel il ne parvint jamais à se réconcilier, c'est Rabelais : voici ce qu'on lit à ce sujet dans un ouvrage qui a pour titre : *Fragments et Observations sur les œuvres grecques, latines et françaises, de François Rabelais, ou le Véritable Rabelais réformé*, publié par le médecin Blaisois Bernier, sous le pseudonyme de sieur de Saint-Honoré :

« Ronsard qui n'eût, dit-on, osé attaquer Rabelais vivant, par écrit, quoiqu'ils se picotassent souvent, à Meudon, chez les princes de la maison de Lorraine, ne l'a attaqué que dans une épitaphe, où il le traite fort mal, parce que Rabelais le regardait comme un poëte impécunieux et misérable, au point qu'il se tenait fort heureux de loger dans une échauguette, appelée encore à présent la *tour de Ronsard*, d'où il allait faire sa cour à Meudon, et où il trouvait souvent maître François Rabelais, qui ne l'épargnait guère ; car s'il n'était pas si fameux poëte que lui, il ne laissait pas d'être né poëte. »

Cette antipathie invincible entre ceux que nous n'hésiterons pas à appeler deux des plus grands hommes de la France, au seizième siècle, est très-

curieuse à remarquer et à étudier de près : il y a
là plus que deux caractères qui se heurtent et se
froissent, plus que deux individualités qui blessent;
il y a deux génies qui répugnent entre eux, et se
sont déclaré une guerre éternelle.

Pourquoi Ronsard et Rabelais se détestent-ils?
Pourquoi Rabelais poursuit-il Ronsard de ses traits
acérés et mordants? Pourquoi Ronsard ne respecte-
t-il même pas la mort de Rabelais, et conserve-t-il
jusque sur son tombeau une aigreur et un fiel qu'il
a rarement connus? Par la même raison que Lamartine n'aime ni Molière, ni la Fontaine, parce
que chacun personnifie un de ces éléments qui se
retrouvent toujours, qui sont le fond de la nature
humaine, et que Victor Hugo a très-bien définis
en les appelant l'un le beau, et l'autre le grotesque. Ronsard chante, Rabelais rit; partant de
points diamétralement opposés, ils ne peuvent pas
se comprendre; des abîmes les séparent, et, l'un en
face de l'autre, ils n'éprouveront qu'un mépris ré-
ciproque.

Quel fut le résultat de cette querelle? Ronsard
en sortit-il avec tous les honneurs de la guerre? Il
est permis d'en douter. Il fit un pas marqué dans
la faveur de la cour et du roi (comme poëte, bien
entendu et finit par éclipser totalement Mellin.
Mais après avoir dit hautement :

. . . . . que ferois-je à ce vulgaire,
A qui jamais je ne sus plaire
Ni ne plais, ni ne plaire veux,

il finit par avouer que sa muse a été blâmée au commencement :

« D'apparoître trop haut au simple populaire, »

et n'a-t-il pas reconnu tacitement son échec en publiant ensuite les *Odes à Marie*, que recommande, dit Binet, une simplicité à la *Catullienne*.

Dans l'*Élégie à son livre* (les *Amours de Marie*), il explique ainsi les changements qui se sont produits dans ses idées :

Je ne suy plus si grave en mes vers que j'estoy
A mon commencement, quand l'humeur pindarique
Enfloit empoulément ma bouche magnifique.
Dis-luy que les amours ne se souspirent pas
D'un vers hautement grave, ains d'un beau stile bas,
Populaire et plaisant, ainsi qu'a fait Tibulle,
L'ingénieux Ovide et le docte Catulle,
Le fils de Vénus hait ces ostentations ;
Il suffit qu'on lui chante au vrai ses passions
Sans enflure ny fard, d'un mignard et doux stile,
Coulant d'un petit bruit comme une eau qui distille ;
Ceux qui font autrement, ils font un mauvais tour
A la simple Vénus et à son fils Amour, etc.

Quant à l'auteur de Pantagruel, il n'y avait pas

à penser à une réconciliation avec lui. Et d'ailleurs,
tout en éprouvant l'un pour l'autre une insurmon-
table antipathie, Ronsard et Rabelais poursuivaient
des genres trop différents pour se trouver fréquemment sur le même terrain. En somme, ç'était Ronsard qui était le plus acharné, et, si Rabelais aimait à railler le genre de poésie du gentilhomme
vendômois, il n'en vint jamais à la violence qui
anime l'épitaphe dont nous avons parlé tout à
l'heure.

Il y avait dix ans que Ronsard, dans l'enthousiasme du jeune âge et l'ivresse d'un premier amour,
avait fait à celle qu'il désigne sous le nom de Cassandre, l'hommage de son cœur, et, jusqu'ici il
n'avait reçu d'elle aucune récompense. « Voyant
doncques son service n'être récompensé que de rigueurs et de cruautés, sans espoir d'autre meilleur
traitement, il délibéra, suivant les remèdes d'Ovide
et de Lucrèce, prendre la médecine propre et particulière pour se purger du mal, qui est de s'ab-
senter de la personne aimée, et par là, se donner
occasion d'en perdre le souvenir. Or, étant jeune,
dispos et désireux de son ancienne liberté, il arriva
en Anjou, voulant mettre fin à son malheur et
éteindre, comme il fit, une vieille et trop ingrate
amitié, pour jamais alors ne s'empêtrer d'amour.
Un jour d'avril, accompagné d'un sien ami, s'al-

luma plus cruellement que devant, un nouveau feu
dedans son cœur, et devint amoureux et affectionné
serviteur d'une jeune, belle, honneste et gracieuse
maîtresse, laquelle il célébra dans la seconde partie
de ses amours[1]. »

> . . . . . si de fortune, une belle Cassandre
> Vers moy se fust montrée un peu courtoise et tendre,
> Et, pleine de pitié, eust cherché de guérir
> Le mal dont ses beaux yeux, dix ans m'ont fait mourir,
> Non seulement du corps, mais sans plus d'une œillade,
> Eût voulu soulager mon pauvre cœur malade,
> Je ne l'eusse laissée. . . . .
> Mais, voyant que toujours elle marchait plus fière,
> Je desliay du tout mon amitié première,
> Pour en aimer une autre en ce pays d'Anjou
> Où maintenant Amour me retient sous le joug.

Que savons-nous sur la belle *pucelle angevine?*
Assez peu de chose. Belleau affirme que c'était une
fille du peuple, de quelque *bourgade champêtre.*

Nous allons indiquer ce que Ronsard lui-même
nous apprend sur Marie, dans divers sonnets :

S. IV.

Le vingtiesme d'avril, couché sur l'herbelette.

[1] Belleau.

Il indique par là le jour où il connut Marie

S. VI. *A une rose.*

. . . .

Ah ! Dieu ! que je suis oise, alors que je te voy
Esclorre au poinct du jour, sur l'espine à requoy
Au jardin de Bourgueil, près d'une eau solitaire.

Fleur angevine de quinze ans, etc.
    Chanson, p. 148, t. 1er, édit. 1623.

S. XXXVII.

J'aime un pin de Bourgueil, où Vénus appendit
Ma jeune liberté. . . . .

S. XXVIII.

Si quelque amoureux passe en Anjou, par Bourgueil,
Voye un pin qui s'eslève au-dessus du village,
Et là, sur le sommet de son pointu feuillage,
Verra ma liberté. . . . .
. . . . j'irois jusqu'à Bourgueil,
Et là, dessous un pin, couché sur la verdure...
    (*Dans le Voyage à Tours*).

L'insistance qu'il met à revenir sur ce mot de
pin n'est pas naturelle et a suggéré l'idée que Marie
s'appelait peut-être du Pin, supposition qui n'aurait rien d'invraisemblable pour quiconque connaît
l'esprit du seizième siècle.

Charles Nodier croyait qu'elle avait nom Marie de Marquetz, parce qu'il avait eu entre les mains un livre d'heures, ayant appartenu à une personne de ce nom, religieuse dans un couvent de Poissy, et où se trouvent des vers manuscrits, qui semblent écrits de la main de Ronsard. Mais ce n'est là qu'une hypothèse assez vague

Il faut convenir que jusqu'ici le poëte est malheureux en amour : si Cassandre l'a dédaigné, Marie va jusqu'à en aimer un autre, et cet autre, c'est Charles de Pisseleu, cousin de Ronsard :

Je t'appeloy ma vie et te nommoy mon cœur,

dit-il avec tristesse, dans le *Voyage à Tours,*

Mon œil, mon sang, mon tout, mais ta haute pensée
N'a voulu regarder chose tant délaissée ;
Ains, en me dédaignant, tu aimas autre part
Un qui son amitié chichement te départ.

Cet amour malheureux dura six années ; nous aurons occasion d'y revenir en parlant, en temps opportun, de la mort de Marie et de celles qui lui succédèrent dans la faveur du poëte ; revenons, pour le moment, au poëte lui-même.

Nous arrivons à l'heure de sa vie où il ressentit

avec le plus de force la fougue de la passion, et où ses œuvres reflètent le plus fidèlement l'état de son âme.

C'est de cette époque que date son livre, aujourd'hui très-rare, des *Folastries*, à *Janot*, *Parisien*, qui fut brûlé par arrêt du Parlement, et dont les *gayetés*, conservées dans ses œuvres complètes, ne forment qu'une partie. Ce livre dépasse, en licence et en crudité d'expressions, tout ce qu'ont osé de plus hardi dans ce genre les auteurs assez peu scrupuleux du seizième siècle.

Nous devons maintenant parler d'un trait de la vie du poëte auquel se rapportent deux pièces intercalées dans ce recueil.

Voici, réduit aux proportions les plus simples et les plus naturelles, le récit du fameux festin d'Arcueil, où Ronsard, selon le dire de ses ennemis, aurait sacrifié aux divinités du paganisme.

La réforme classique était dans tout son éclat, et la tentative de restauration du théâtre antique, commencée par la traduction du Plutus, était couronnée d'un plein succès. Jodelle, fervent disciple de la nouvelle école, avait fait représenter devant la cour, au milieu des applaudissements unanimes, sa tragédie de *Cléopâtre*. Or, un jour de *caresme-prenant*, la *brigade*, toute pleine encore de son triomphe, se trouve à Arcueil dans une fête publique. Un bouc vient à passer ; voilà que les souvenirs classiques se réveillent à sa vue ; on s'en empare, on use de la licence autorisée par le temps où l'on se trouve, et l'on fait un sacrifice à la manière antique, aux cris répétés d'Évohé ! Évohé ! — Ronsard, le front couronné de lierre et un thyrse à la main, monte sur le banc, et vient en faire hommage à Jodelle. Loin de désavouer une innocente plaisanterie, la Pléiade prit les devants, et

> « Le récit en farce en fut fait. »

par un membre de la troupe, Bertrand Bergier, ainsi que par Ronsard lui-même.

Dans un accès d'enthousiasme comique, Bergier s'écrie :

> Je les vois tous pénétrés
> D'une rage insensée,
> Et tous, éperdus de pensée,
> Chanter : iach, évohé.

Cette pièce, intercalée dans la plupart des éditions des œuvres de Ronsard, est dépourvue d'originalité et d'intérêt véritable ; elle est seulement assez curieuse à étudier comme imitation du genre grec et à cause de l'emploi continuel de mots composés, qui n'ont pas pu passer dans la langue, en dépit des efforts de la Pléiade.

Voici maintenant le récit de Ronsard :

Jodelle ayant gagné, par une voix hardie,
L'honneur que l'homme grec donne à la tragédie,
Pour avoir en haussant le bas stile françois,
Contenté doctement les oreilles des rois,
La brigade qui lors au ciel levoit la teste,
(Quand le temps permettoit une licence honeste)
Honorant son esprit gaillard et bien appris,
Lui fit présent d'un bouc, des tragiques le pris,
Jà la nappe estoit mise et la table garnie
Se bordoit d'une saincte et docte compagnie,
Quand deux ou trois ensemble, en riant, ont poussé
Le père du troupeau à long poil hérissé,
Il venoit à grands pas, ayant la barbe peinte;
D'un chapelet de fleurs la teste il avoit ceinte.
Le bouquet sur l'oreille et bien fier se sentoit,
Dequoy telle jeunesse ainsi le présentoit;
Puis il fut rejetté pour chose méprisée,
Après qu'il eust servy d'une longue risée,
Et non sacrifié, (comme tu dis, menteur!
De telle faulse bourde impudent inventeur).

Telle fut la fête d'Arcueil ; quelle en est au juste la date? Nous n'avons pas de renseignements bien sûrs et bien solides à cet égard. Tout nous porte à croire pourtant que c'est en 1552 que se passa cet événement, sur lequel il nous faudra nécessairement revenir dans le cours de notre étude; car, plus tard, lorsque Ronsard lança contre les Huguenots de vives apostrophes, ceux-ci lui répondirent en lui jetant à la tête les souvenirs d'Arcueil, et voulurent le faire passer, aux yeux de la France, pour un païen et pour un idolâtre.

CHAPITRE IV

GLOIRE DE RONSARD

Enfin, après plusieurs années de luttes acharnées et de critiques acerbes, Ronsard voit se lever le jour du triomphe et de la gloire. La haute protection que lui ont successivement accordée Marguerite de Savoie, l'Hôpital et enfin le Roi Henri II lui-même, le fait accepter à peu près universellement, et, depuis 1553 environ, il a l'insigne honneur d'être partout reconnu comme le poëte français par excellence. « Tous les monstres étant enfin surmontez et abattus, on commença à luy applaudir en plein théâtre, et luy, par conséquent, à jouir du plus doux fruict qui se puisse recueillir de la gloire, qui est celuy que nous en recevons pendant que nous sommes vivans[1]. »

[1] Duperron.

La gloire de Ronsard grandit dans la première partie du règne de Henri II, atteint son apogée dans la seconde, traverse, sans éclipse, le règne éphémère de François II, et dure jusqu'à la mort de Charles IX. — Sous Henri III, le poëte vieillit; il s'est retiré de la cour. Desportes lui dispute la première place; c'est donc dans les années comprises entre 1553 et 1575 qu'il faut placer la plus haute célébrité de notre poëte.

L'Académie des jeux floraux de Toulouse l'honora d'une distinction inconnue jusqu'à lui : « Il en receut une gratification, non-seulement libérale, mais qui témoignoit le bon jugement de ceux qui l'offroient et le mérite de celuy la recevoit. Chacun scait le pris proposé à Tholoze aux jeux floraux, qui furent instituez par cette gentille dame Clémence Isore, à celuy qui seroit trouvé avoir fait le mieux en vers, lequel est gratifié de l'Églantine, le suivant, du Soucy, etc.... Toutefois, par décret public, pour honorer la muse de Ronsard, qu'ils appellent par excellence le *poëte françois*, estimant l'églantine trop petite pour un tel poëte, ils luy envoyèrent une Minerve d'argent massif de grand pris. Ronsard leur envoya, en récompense, l'hymne de l'*Hercule chrétien*, qu'il adressa au cardinal de Châtillon, lors Archevêque de Tholoze, son Mécène, qui avoit été des premiers qui donna l'entrée à la réputation de sa poésie en cour [1]. »

Il faut aussi compter parmi ses protecteurs influents le cardinal de Lorraine, Charles de Guise, avec lequel nous avons vu qu'il fut élevé sous la sévère discipline du régent de Wailly. On trouve, dans les œuvres du poëte, plusieurs pièces adressées à ce haut personnage, et toutes sont empreintes de vifs sentiments d'amitié. Ronsard, du reste, se voyait alors généralement recherché, et les innombrables dédicaces de ses Odes aux plus hauts personnages de la cour font foi du crédit dont il jouissait.

« Ce fut aussi, ajoute son biographe, ce qui esmeut le sieur de Clany, à qui le roy Henry avoit commis la conduite de l'architecture de ses chasteaux, de faire engraver en demy-bosse sur le haut de la face du Louvre une déesse qui embouche une trompette et regarde de front une autre déesse, portant une couronne de laurier et une palme en ses mains, avec cette inscription :

Virtuti regis invictissimi.

et, comme, un jour, le roy, estant à table, lui demandoit ce qu'il vouloit signifier par cela, il luy

1 Binet.

respondit qu'il entendoit Ronsard, par la première figure, et, par la trompette, la force de ses vers, et principalemont de *la Franciade*, qui pousseroit son nom et celuy de la France par tous les quartiers de l'univers. »

Voici comment Ronsard lui-même raconte ce trait dans une Ode, qu'il adressa à Pierre Lescot :

Il me souvient un jour que ce prince[1], à la table,
Parlant de ta vertu comme chose admirable,
Disoit que tu avois de toy-mesmes appris,
Et que sur tous aussi tu remportois le pris :
Comme a fait mon Ronsard qui à la poésie,
Maugré tous ses parens, a mis sa fantaisie
Et pour cela tu fis engraver sur le haut
Du Louvre, une déesse à qui jamais ne faut
Le vent, à joue enflée, au creux d'une trompette
Et la monstras au roy, disant qu'elle estoit faite
Exprès pour figurer la force de mes vers,
Qui, comme vent portoient son nom par l'univers.

La Franciade, qui, en réalité, ne parut qu'en 1574, après la Saint-Barthélemy, doit être considérée, cependant, comme datant du règne de Henri II. C'est sous ce roi qu'en fut conçue la première pensée; que le plan en fut formé; mais telle était l'importance que Ronsard attachait à son œu-

---

[1] Henri III.

vre, qu'il en différa l'exécution pendant près de quinze ans.

Henri II meurt en 1559. Ronsard pleure en lui un protecteur et un appui, qu'il retrouve, du reste, dans le roi Charles IX :

> Ainsi mourut Henry. . . . .
> Je le servis, seize ans, domestique à ses gages ;
> Non ingrat, lui sacrant mes plus doctes ouvrages :
> Je n'ai sceu prolonger sa vie ; mais j'ai sceu
> Allonger son renom autant que je l'ai peu.

François II lui succède et ne fait que passer sur le trône.

> François, son premier fils, à qui la barbe tendre
> Ne commençoit encore au menton qu'à s'estendre,
> Teint le sceptre après luy, prince mal fortuné,
> Qui se vit presque mort, si tost qu'il se vit né.

Mais, sous ce règne éphémère, Ronsard eut le temps de concevoir un respectueux attachement, qui dura autant que sa vie, pour l'infortunée Marie Stuart. Plus d'une fois ses vers vinrent adoucir les regrets de la malheureuse reine, et il osa élever la voix pour reprocher à Élisabeth son injustice et sa cruauté. Il resta toujours fidèle à la reine d'É-cosse ; il y avait vingt ans qu'elle avait quitté le *plaisant pays de France*, lorsqu'il s'écriait :

Royne, qui renfermez une royne si rare,
Adoucissez votre ire et changez de conseil.
Le soleil se levant et allant au sommeil
Ne voit point en la terre un acte si barbare.
Peuples, vous forlignez aux armes nonchalants,
De vos aïeux Renaulds, Lancelots et Rolands,
Qui prenoient d'un grand cœur, pour les dames querelle
Les gardoient, les sauvoient; où vous n'avez, François,
Encore osé toucher, ni vêtir les harnois
Pour ôter de servage, une royne si belle.

Si ces vers, qui datent des dernières années de
la vie du poëte, sont empreints d'une mâle énergie, il a su pleurer le départ de Marie avec une
douce et poétique mélancolie :

Le jour que vostre voile aux vents se recourba,
Et de nos yeux pleurans, les vostres déroba,
Ce jour, la même voile emporta, loin de France,
Les muses qui souloient y faire demeurance.
. . . .
Tout ce qui est de beau ne se garde longtemps ;
Les roses et les lis ne règnent qu'un printemps ;
Ainsi vostre beauté, seulement apparue,
Quinze ans, en nostre France, est soudain disparue,
Comme on voit, d'un éclair, s'évanouir le trait,
Et d'elle n'a laissé, sinon que le regret,
Sinon le déplaisir, qui me remet sans cesse
Au cœur les souvenirs d'une telle princesse.

Cette noble et constante fidélité au malheur; ce
culte passionné pour la reine et son élève (car il est

à peu près certain que Marie reçut, à la cour de France, des leçons de Ronsard), ne sont-ils pas touchants? Et n'est-ce pas, aux yeux de la postérité, un plus grand titre de gloire, d'avoir consolé la captivité de la reine d'Écosse, que d'avoir été, pendant vingt ans, le chantre attitré de la maison de Valois.

Marie, au reste, ne se montra pas ingrate envers son ancien maître. Binet raconte, qu'en récompense de son inébranlable dévouement, elle lui envoya, par l'entremise de son écuyer, le sire de Nau, un objet d'art de grande valeur, représentant le Parnasse et Pégase, avec cette inscription : A Ronsard, l'Apollon de la source des Muses.

La rivale de Marie-Stuart, Élisabeth, était, elle aussi, admiratrice passionnée du talent de Ronsard, et sans se montrer, paraît-il, jalouse de la préférence du poëte pour Marie, elle lui fit présent d'un superbe diamant, « *auquel elle comparait ses écrits*[1]. » Mais, de tous les princes, français ou étrangers, celui qui lui montra le plus de bienveillance, et avec lequel il vécut dans la plus grande intimité, c'est assurément Charles IX.

Ce malheureux prince, qui, s'il eût régné dans des temps plus prospères, aurait peut-être été un monarque distingué, n'apparaît dans l'histoire que

[1] Binet.

comme le jouet des partis et la victime des passions qui divisaient la France. Livré à lui-même, dans un temps calme et paisible, il eût sans doute tout fait pour encourager le développement des lettres, puisque, au milieu des guerres civiles et du trouble général de la France, il n'eut pas de passe-temps plus agréable que de s'entretenir avec les poëtes, et même de se mesurer avec eux.

Ronsard chante ainsi son règne dans l'épitaphe de la maison de Valois :

En pleurant, il vestit la dignité royale,
Comme présagiant sa fortune fatale :
Tout se rua sur luy. . . . .
Ce roy, presques enfant, vit sa France allumée,
Et ville contre ville, en factions armée.....
Je me trouvay deux fois à sa royale suite,
Lorsque ses ennemis lui donnèrent la fuite,
Quand il se pensa voir, par trahison surpris,
Avant qu'il pust gaigné sa ville de Paris ;
Il fut prince bien né, courtois et débonnaire,
D'un esprit prompt et vif, entre doux et colère.....
Il aima la justice ; éloquent et discret,.....
Et surtout amateur des Lettres et des Muses.....
Quatorze ans, ce bon prince, alègre je suivy ;
Car, autant qu'il fut roy, autant je le servy ;
Il faisoit de mes vers et de moy telle estime,
Que souvent sa Grandeur me rescryvoit en ryme.

Nous avons conservé cette correspondance entre

le poëte et Charles IX. Du côté de ce dernier, l'intention y est meilleure que l'exécution; ses vers, fades et incolores, manquent absolument d'intérêt. Il suffira, pour les faire apprécier, de citer les suivants :

> Ronsard, je cognoy bien que, si tu ne me vois,
> Tu oublies soudain de ton grand roy la vois ;
> Mais, pour t'en souvenir, pense que je n'oublie
> Continuer toujours d'apprendre en poésie
> Et pour ce, j'ay voulu t'envoyer cet escrit
> Pour enthousiazer ton phantastique esprit.
> Donc, ne t'amuse plus à faire ton mesnage :
> Maintenant n'est plus temps de faire jardinage ;
> Il faut suivre ton roy. . . . .

Dans la même année, 1578, Charles IX lui écrit encore :

> Ronsard, si ton vieil corps ressembloit ton esprit,
> Je serois bien content d'avouer par escrit
> Qu'il sympathiseroit en mal avec le mien,
> Et qu'il seroit malade, aussi bien que le tien.....
> Ton esprit est, Ronsard, plus gaillard que le mien ;
> Mais mon corps est plus jeune et plus fort que le tien.
> Par ainsi, je conclu qu'en sçavoir tu me passe,
> D'autant que mon printemps tes cheveux gris efface.

Voilà, selon nous, les seules pièces authentiques qui aient été adressées à Ronsard par Charles IX.

Quant à la troisième, citée par Goujet, qui commence comme finit la dernière :

Ton esprit est, Ronsard, plus gaillard que le mien ;

elle fut, soi-disant, retrouvée par M. Senac de Meilhan, qui l'envoya à Catherine II ; mais il nous est absolument impossible d'admettre que l'auteur des deux faibles pièces qu'on vient de lire, ait pu s'élever à une pareille noblesse de pensées et à une telle pureté de forme.

Il y a plus : nous ne reconnaissons pas là le ton du seizième siècle, et, jusqu'à preuve évidente du contraire, nous ne verrons, dans cet élégant morceau, qu'une œuvre de beaucoup postérieure à Charles IX.

Est-ce, en effet, l'auteur des vers embarrassés et confus sur l'âge et le talent de Ronsard, qui a pu dire :

L'art de faire des vers, dût-on s'en indigner,
Doit être à plus haut prix que celui de régner ;
Tous deux également nous portons des couronnes ;
Mais, roy, je la reçus : poète, tu la donnes...
Je puis donner la mort, toy l'immortalité.

Non, nous le répétons, il nous est impossible d'attribuer ces vers, pleins de beautés, à l'avant-dernier des Valois, qui ne fut jamais qu'un poëte très-médiocre.

Quoi qu'il en soit, Charles IX avait Ronsard en grande amitié. Il se faisait accompagner par lui en voyage : on raconte que, vérifiant un jour des édits, et, apercevant son poëte favori au milieu de la foule, il l'appela et dit à haute voix : « Viens, mon cher poëte, t'asseoir à côté de moi, sur mon trône royal. »

Tout en disant plaisamment qu'*un poëte est comme un cheval, et que ni l'un ni l'autre ne doit être engraissé*, Charles IX n'en comble pas moins de largesses son favori : il lui donne l'abbaye de Bellazane et quelques prieurés. Ronsard n'est plus alors le poëte *impécunieux* que raillait Rabelais.

Enfin (dernier terme de la faveur royale), Ronsard reçut l'autorisation de s'en prendre, dans ses satires, à qui il voudrait : il en usa largement, et ne craignit pas de s'en prendre au roi lui-même, qui avait ordonné d'abattre tous les arbres de la forêt de Gastine. On sait que Ronsard n'a jamais atteint une éloquence plus haute et plus vraie que dans cette pièce, où il combat avec force la volonté royale. « Il admonestoit encore vivement le roy, dit Binet, dans deux autres pièces, dont il ne cite que les premiers vers, et qui, malheureusement, sont perdues :

Il me déplaist de voir un si grand roy de France.....
Roy, le meilleur des roys, etc. . . . .

On comprend que, traitant le roi avec cette fami-
liarité, il ne se gênât pas à l'égard des courtisans.
S'il avait en vive affection l'architecte du Louvre,
Pierre Lescot, le sieur de Clany, il n'en était pas de
même pour l'architecte des Tuileries, Philibert de
Lorme, auquel fut accordée l'abbaye de Livry. Il
s'indignait de voir les bénéfices aller *aux plus vils
maçons*, et composa, à ce sujet, un sonnet qui eut
un vif retentissement, sous le nom de sonnet de la
Truelle crossée [1].

« Il ne sera hors de propos, ajoute Binet, parlant de la publication de ce sonnet, de remarquer
la malveillance de cet abbé qui, pour s'en venger,
fit un jour fermer à Ronsard, qui suivoit la royne-
mère, l'entrée des Tuileries. Mais Ronsard, qui
estoit assez picquant et mordant quand il vouloit,
à l'instant fit crayonner sur la porte ces mots en
lettres capitales : FORT. REVERENT. HABE. Au retour, la royne voyant cest escrit, en présence de
doctes hommes et de l'abbé de Livry lui-même,

____

[1] Ce sonnet, longtemps égaré, a été récemment retrouvé dans
un recueil très-rare, intitulé : *La nouvelle continuation des
Amours de Ronsard*. — On peut le lire dans le tome VIII de l'éd.
elz., p. 139.

voulut sçavoir ce que c'était et l'occasion. Ronsard
en fut l'interprète, après que Delorme se fût plaint
que cest escrit le taxoit; car Ronsard luy dit qu'il
accordoit que, par une douce ironie, il prit cette
inscription pour luy, la lisant en françois; mais
qu'elle lui convenait encore mieux la lisant en latin,
remarquant par icelle les premiers mots raccourcis
d'un épigramme latin d'Ausone, qui commence :
FORTUNAM, REVERENTER, HABE, le renvoyant
pour apprendre à respecter sa première et vile fortune, et ne fermer la porte aux Muses. La royne
aida Ronsard à se venger, car elle tança aigrement
l'abbé de Livry, après quelque risée, et dit tout
haut que les Tuileries étoient dédiées aux Muses. »

C'est le moment où Ronsard touche au plus haut
point de sa gloire : en Italie, en Flandre, en Angleterre, en Pologne, ses œuvres sont lues, com-
mentées, expliquées, traduites avec admiration.
« Les autres provinces ont cessé d'estimer notre
langue barbare, et se sont rendues curieuses de
l'apprendre et de l'enseigner, et aujourd'huy on en
tient école jusques aux parties de l'Europe les plus
esloignées, jusqu'en la Moravie, jusques en Pologne et jusques à *Dansich*, où les œuvres de Ronsard se lisent publiquement [1]. »

[1] Duperron.

Le Tasse vient à Paris, en 1575, à la suite du cardinal d'Est, et c'est un honneur pour lui de lire devant Ronsard les premiers chants de la *Jérusalem délivrée*. Brantôme, admirateur enthousiaste de Ronsard, raconte que Chastelard, gentilhomme français, décapité en Écosse, « avant de mourir, prit en ses mains les hymnes de M. de Ronsart, et, pour son éternelle consolation, se mit à lire tout entièrement l'*Hymne de la mort*. »

Le même historien rapporte : « que se trouvant à Venise, chez l'un des principaux imprimeurs, il lui demanda un Pétrarque, et celui-ci lui répondit : Mon gentilhomme, je m'étonne comme vous êtes curieux de venir chercher un Pétrarque parmi nous, puisque vous en avez un en votre France, deux fois plus excellent que le nôtre, qui est M. de Ronsard; et il avait raison. »

Pie V, reconnaissant du courage que le poëte déploya en luttant contre les calvinistes, lui envoie un bref, où il témoigne solennellement les bons et utiles services que l'Église a reçus de lui.

« Tel étoit le renom de l'autheur, dit Garnier dans ses commentaires, et comme j'ai entendu par la bouche du grand Scévole de Sainte-Marthe qui, lors de sa première jeunesse, étudioit à Paris, où les Muses tenoient le haut du pavé, que les passants le montroient au doigt par la rue, avec admiration. »

Il est aisé de voir, par ce qui précède, que Ronsart put avoir la jouissance d'assister à son triomphe. Peu de poëtes ont plus aimé la gloire ; on peut dire qu'il en fut véritablement épris. Peu aussi ont été mieux récompensés de leur vivant, et l'on comprend, en songeant à cette apothéose, dont il fut si longtemps l'objet, qu'il s'écrie avec ivresse :

> Plus dur que fer, j'ai finy mon ouvrage.....
> Sous le tombeau tout Ronsard n'ira pas,
> Restant de lui la part qui est meilleure.

CHAPITRE V

En parlant de la gloire de Ronsard, et de l'éclat
immense de sa renommée, nous nous sommes laissé
entraîner par les faits qui se rattachent à ce sujet,
et nous avons abandonné l'ordre chronologique;
revenant maintenant sur nos pas, nous devons
retourner, des premières années du règne de Henri III
à l'année 1563, qui fut l'une des plus agitées de
l'existence de Ronsard. Nous avons, en effet, nécessairement à parler de ses rapports avec les Huguenots, et, sinon à résoudre, au moins à poser l'im-
portante question suivante : Ronsard a-t-il été, ou
non, dans les ordres?

Que Ronsard, au milieu de sa vie de plaisir, ait,
au fond du cœur, conservé pour l'Église romaine un
sincère attachement; que l'esprit critique du seizième siècle n'ait eu que peu de prise sur lui, c'est

un point qui nous paraît hors de doute. Poëte passionné, érotique même, élégant dans une des cours les plus élégantes de la France, né dans une époque corrompue, Ronsard a pu, pendant un certain temps, oublier les préceptes de l'Église; il n'en a jamais méconnu les dogmes. Païen par l'esprit, comme la plupart des hommes éminents du seizième siècle, il n'a jamais cessé d'être chrétien dans le fond de son cœur. Il n'appartient même pas au groupe intermédiaire entre le Catholicisme et la Réforme qui, sans se rallier ouvertement à cette dernière, s'élevait avec une haute énergie contre le luxe et le relâchement du clergé. S'il adresse aux évêques des reproches assez vifs, dans sa *Remontrance au peuple de France*, on ne peut nier qu'il ne le fasse avec un respect qui diffère singulièrement du ton habituel des Réformés :

O vous, doctes prélasts, poussez du Saint-Esprit,
Qui estes assemblez au nom de Jésus-Christ,
Et taschez sainctement, par une voye utile,
De conduire l'Église à l'accord d'un concile ;
Vous-mesmes, les premiers, prélasts, réformez-vous...
Et, comme vrais pasteurs, faites la guerre aux loups ;
Otez l'ambition, la richesse excessive ;
Arrachez de vos cœurs la jeunesse lascive ;
Soyez sobres à table, et sobres en propos ;
De vos troupeaux soumis, cherchez-moi le repos.
Non, le vôtre, prélast ; car votre vray office

> Est prescher, remoustrer et chastier le vice...
> Si de nous réformer, vous avez quelque envie
> Réformez, les premiers, vos biens et votre vie.
> Et alors, le troupeau qui dessous vous vivra,
> Réformé comme vous, de bon cœur vous suivra.

Parfois même, il est plus sévère encore ; il va jusqu'à dire aux réformateurs :

> Si vous eussiez esté simples comme devant,
> Sans aller les faveurs des princes poursuyvant,
> Si vous n'eussiez parlé que d'amender l'Église
> Que d'oster les abus de l'avare prêtrise,
> Je vous eusse suivi et n'eusse pas esté
> Le moindre des suivans qui vous ont escouté.

Dans un moment de scepticisme et, probablement d'ennui, il donne ce conseil assez peu orthodoxe :

> Ne romps ton tranquille repos
> Pour papaux, ni pour huguenots,
> Ny amy d'eux ny adversaire.

Mais, à part ce passage, l'attitude du poëte, en face de la Réforme, est toujours nette et franche. Dès les premiers troubles qu'elle occasionne, dès le tumulte d'Amboise, il s'élève contre elle avec une hauteur et une éloquence qu'il a rarement rencontrées et qu'il n'a jamais surpassées[1].

---

[1] *Discours des misères de ce temps,* 1563.

Quel beau tableau de la situation de la France il présente dans ce passage :

Le frère factieux s'arme contre son frère,
La sœur contre la sœur, et les cousins germains,
Au sang de leurs cousins veulent tremper leurs mains.
. . . .
Les enfants sans raison disputent de la foy
Et tout à l'abandon va sans ordre et sans loy ;
On fait des lieux sacrés une horrible voirie,
Une grange, une étable et une porcherie
Si bien que Dieu n'est seur en sa propre maison ;
Au ciel est renvolée et justice et raison,
Et en leur place, hélas ! règne le brigandage.

On sait que le seizième siècle ne fut pas le temps des discussions bienveillantes et des polémiques courtoises. Vivement attaqués par Ronsard, les calvinistes ne se tinrent pas pour battus, et lui répondirent avec une violence qui dépasse toutes les bornes. Ronsard, dans cette polémique, eut à lutter contre trois adversaires qui se cachaient sous les noms de Zamariel, de Montdieu et de F. de la Baronie. L'opinion la plus généralement accréditée est que ces pseudonymes servaient de voiles au ministre Chandieu, à Florent Chrestien et à l'un des meilleurs amis de Ronsard, Jacques Grévin, avec lequel il s'était brouillé. Suivant quelques uns, Zamariel et Montdieu ne feraient qu'un seul et même personnage. Lammonoye suppose que

ce serait Montméja qui aurait pris le nom de Montdieu [1] ; la question est au moins douteuse. Garnier,
dans ses commentaires, se refuse à les nommer :
« J'en tairay le nom, dit-il, parce que l'un d'eux
est bien mort en la foy de la vraye église et que les
enfants de l'autre vivent. »

Ce qui distingue avant tout, ces pièces, c'est la
violence des invectives et l'absence de goût, tant
dans le fond que dans la forme.

C'est d'abord : la *Réponse aux calomnies conte-
nues au discours et suite du discours des misères
du temps, faites par P. de Ronsard, jadis poëte et
maintenant prêtre. La première, par A. Zamariel;
les deux autres, par B. de Mondieu, où est aussi
contenue la métamorphose de Ronsard en prêtre.*

Puis viennent les pièces suivantes : *Seconde réponse de La Baronie à messire P. de Ronsard,
prêtre gentilhomme vendômois, futur évêque; plus,
le temple de Ronsard.*

*Apologie ou défense d'un homme de bien, pour
imposer silence aux sottes répréhensions de M. P. de
Ronsard, soy disant non-seulement poëte, mais
maître des poëtastres.*

*Palinodie de P. de Ronsard sur ses discours des
misères de ce temps.*

---

[1] Ja, en hébreu, signifie Dieu, et il aurait équivoqué sur la fin de
son nom. Ed. elzév., tome VIII, p. 91.

Remonstrances à P. de Ronsard, 1577, *en vers.*

Ronsard, piqué au vif, malgré son apparent dédain pour les attaques de ses adversaires, publie, après le *Discours des misères de ce temps*, *la Remontrance au peuple de France*, dont une édition est de 1563; l'autre de 1564; et sa belle *Réponse aux injures et calomnies de je ne scay quel prédicantereau et ministreau de Genève.* Enfin, les trois pièces paraissent ensemble, accompagnées d'une *épître*, par laquelle le poëte répond succinctement à ses calomniateurs.

Colletet, parlant du temple de Ronsard, dont l'auteur est Florent Chrestien, y trouve : « des traits piquants et des doctes railleries à irriter la patience même et à divertir les lecteurs qui se plaisent à la liberté de la satire. » Le bon Colletet ne se montre guère difficile ; car la raillerie y est à la fois plate et violente, sans un atome de sel attique ou gaulois. Que l'on en juge par quelques fragments :

> Ronsard, je suis marry pour l'honneur que je doy
> A la religion, aux muses et au roy,
> Que tu n'as discouru en plus grand'révérence
> De Dieu et de la foy et de notre espérance,
> Que tu n'as employé la majesté des vers
> Pour parler autrement des mystères couverts,
> Que tu n'as eu égard que le sang de nos princes
> Est descendu des roys, seigneurs de nos provinces.

> Je n'ay pas toutefois, en ces vers, entrepris
> D'escrimer contre toy pour emporter le prix ;
> Je veux tant seulement, puisque tu as envie
> D'être connu de tous, discourir de ta vie,
> Afin qu'après ta mort on prêche ton renom,
> Un jour que l'on fera feste de ton sainct nom ;
> Car tu mérites bien que le pape te donne
> Place au calendrier, et que, pour toy, l'on sonne
> Le plus haut carillon, t'étant mis en pourpoint
> Pour défendre le pape, en qui tu ne crois point.
> Ceux-là qui, en ce jour, feront pèlerinage
> En ton temple sacré, verront un grand image
> Au plus haut de l'autel, et au-dessous à part,
> Escrit, en lettres d'or : Monseigneur saint Ronsard !

Puis, commence, sous une forme allégorique, l'énumération des griefs des Calvinistes contre Ronsard, énumération qui, dans toutes ces pièces, est toujours la même et peut se réduire à trois chefs :

Ronsard est athée. — Il mène une vie licencieuse. — Il est prêtre.

Ronsard ne se laisse pas abattre et répond avec dédain aux insultes dont il est l'objet. Nous parlerons ailleurs (chap. de la *Satire*), de la *Réponse à quelque ministre* où, dans un langage méprisant, il dit qu'il lui répugne d'entrer en lice avec un si faible adversaire, et se plaint de ne pouvoir au moins lutter avec Théodore de Bèze. Ce n'est pas,

cependant, qu'il professe une grande estime pour
ce dernier, qu'il est allé un jour entendre prêcher
au faubourg Saint-Marceau.

> ...rien en mon cerveau n'entra de sa doctrine ;
> Je m'en retournay franc comme j'étais venu,
> Et ne vis seulement que son grand front chenu
> Et sa barbe fourchue et ses mains renversées,
> Qui promettoient le ciel aux troupes amassées.

Il condescend, néanmoins, à entrer en explications avec le *prédicantereau*, et à le convaincre
d'imposture :

> Toutefois, bresvement, il me plait de répondre,
> A quelqu'un de tes points, faciles à confondre.

Il n'a pas de peine à se justifier du reproche
d'athéisme.

Quant à la question du sacrifice d'Arcueil, nous
avons cité les vers qu'il y consacra, et il fallait être d'une mauvaise foi bien insigne pour
y voir autre chose qu'une innocente plaisanterie.

Il lui est plus difficile de se disculper complète-
ment du reproche que lui font ses ennemis de mener
une vie déréglée ; aussi essaie-t-il de déplacer la
question, en reprochant au ministre son manque de

charité et en lui jetant à la tête le même reproche :

> Car, que sort-il du sac? cela dont il est plein ;
> Toujours le voleur pense à la dépouille prise,
> Et toujours le paillard parle de paillardise.

Nous ne croyons pas devoir insister davantage sur ce sujet, ni transcrire les injures de ce genre, échangées par les adversaires[1].

Enfin, l'accusateur lui fait un reproche d'être prêtre. Ronsard lui donne un démenti formel :

> Or sus, mon frère en Christ, tu dis que je suis prestre?
> J'atteste l'Éternel que je le voudrois estre.

Puis, dans un magnifique langage, à la fois sobre et ferme, il décrit son genre de vie, où les critiques les plus sévères ne peuvent rien avoir à reprendre et dont il s'enorgueillit, quand il le compare à celui du prédicant :

> Ha! qui voudroit, cafard, informer de ta vie,
> On verroit que l'honneur, l'ambition, l'envie,
> L'orgueil, la cruauté se logent à l'entour
> De ton cœur ulcéré.

Nous nous sommes arrêtés devant le *Temple de*

---

[1] Voir Sainte-Beuve, *Tableau de la poésie française au seizième siècle.*

Ronsard et la réponse qu'il motiva, parce qu'il nous semble que ce sont ces deux pièces qui rendent le mieux compte des griefs des Huguenots et des arguments allégués par Ronsard pour sa défense. C'est, d'une part, la satire dans laquelle le poëte est le plus vivement attaqué ; de l'autre, celle dans laquelle il répond le plus catégoriquement[1].

Il serait trop long et même inutile, au point de vue où nous nous plaçons, ne voulant que suivre d'aussi près que possible la vie de Ronsard, de donner, de toutes ces pièces, une analyse détaillée. — En résumé, pour tout esprit impartial, Ronsard eut les honneurs de la guerre. — Poëte, il conserva toujours une indiscutable supériorité ; car, nous l'avons déjà dit, nous préférons les *Discours des misères de ce temps* aux odes et aux sonnets ; homme de bonne compagnie, il ne descendit pas le premier aux invectives grossières, et ne s'en servit que pour combattre à armes égales. Enfin, catholique, il défendit si bien les intérêts de la religion que la reine Catherine, le roi Charles IX et Pie V lui en firent des remercîments publics.

Voici comment Duperron résume, dans son oraison funèbre, ces longs et violents débats :

« Le grand Ronsard, prenant en main les armes

---

[1] Pour les autres, nous renvoyons le lecteur à la *Famille de Ronsard*, p. 135, et à l'édit. elzév., t. VII, p. 58.

de sa profession, c'est-à-dire la plume et le papier, afin de combattre les nouveaux écrivains, s'ayda à propos d'une science prophane comme la sienne pour la défense de l'Église et apporta si heureusement les richesses et les trésors d'Égypte en la terre Saincte, que l'on reconnut incontinent que toute la douceur et l'élégance des lettres n'estoient pas de leur côté, comme ils prétendoient. Au mesme temps, donc, les voilà qui le prennent à partie en son propre et privé nom, se jetant sur lui tous ensemble, comme si la cause de l'Église et la sienne eussent été inséparablement conjoinctes ; mais il les défendit si glorieusement l'une et l'autre qu'ils demeurèrent confus et esmerveillez, et n'eurent plus ny voix ny plume pour répliquer. Dont, outre le gré que la France lui en sçeut et l'honneur, accompagné de libéralités que le roy qui était lors, et la royne, sa mère, lui firent en cette considération ; encore même le pape Pie V eut la générosité de le remercier par escrit, et de tesmoigner solennellement les bons et utiles services que l'Église avait reçeus de luy ; ce qui acheva de l'encourager à prendre l'habit et la profession ecclésiastique, à laquelle il y avait déjà longtemps que ses amis l'exhortoient. »

Ces derniers mots nous amènent tout naturellement à examiner si Ronsard (comme on lui en a fait un reproche) a réellement été prètre.

D'abord, il a été dans les ordres, ceci ne peut pas faire un doute; il l'a dit lui-même avec orgueil, et il est entré dans le détail de ses fonctions :

> Mais quand je suis aux lieux où il faut faire voir
> D'un cœur dévotieux l'office et le devoir,
> Lors je suis de l'Église une colonne ferme;
> D'un surpelis ondé les épaules je m'arme
> D'une haumusse le bras, d'une escharpe le dos,.....
> Je ne perds un moment des prières divines;
> Dès la pointe du jour je m'en vais à matines.....
> Bref, depuis le matin jusqu'au retour du soir,
> Nous chantons du Seigneur louanges et cantiques,
> Et prions Dieu pour vous, qui estes hérétiques.

Ces paroles de Ronsard sont catégoriques; il a été diacre et fort régulier dans son service. Où exerçait-il ces fonctions? C'est ce qu'il est assez difficile de déterminer. Évidemment, il n'était pas encore titulaire des prieurés de Croix-Val et de Bellozane. Garnier dit, dans ses Commentaires, qu'il était archidiacre du Mans. Nous n'avons, pour notre part, aucun motif de révoquer en doute cette assertion.

Théodore de Bèze, le premier, prétendit que Ronsard avait été prêtre; au livre VII de son *Histoire ecclésiastique*, il rapporte que Ronsard aurait massacré, avec quelques soldats, plusieurs réformés dans la plaine de Couture. « *S'étant fait prêtre,* dit-il, il voulut se mêler en ces combats avec ses compagnons, et, pour cet effet, ayant assemblé quelques soldats en un village nommé *Évaillé, dont il étoit curé*, fit plusieurs courses avec pilleries et meurtre. »

Le chef du parti calviniste, n'est pas seul à rapporter ce fait, Sponde (*Annales ecclésiastiques*) dit que la noblesse choisit Ronsard pour son chef, et qu'il fit un grand mal aux profanateurs des églises. Varillas, auteur de l'*Histoire de Charles IX*, rapporte que Ronsard disait, à ce sujet, que, n'ayant pu protéger ses paroissiens avec les clefs de saint Pierre, il lui avait bien fallu prendre l'épée de saint Paul[1].

Si Ronsard alla jusqu'à la violence physique contre les huguenots, convenons que les procédés de ces derniers envers lui n'étaient pas meilleurs. Il dit formellement, dans la *Remontrance au peuple de France*, qu'il fut un jour assailli par eux et qu'il courut de grands dangers :

> Je sçay qu'ils sont cruels et tyrans inhumains ;
> Naguères le bon Dieu me sauva de leurs mains,
> Après m'avoir tiré cinq coups de harquebuse ;
> Encore il n'a voulu perdre ma pauvre Muse.
> Je vis encor, lecteur, et ce bien je reçoy
> Par un miracle grand que Dieu fit dessur moy.

[1] Voir, sur ce sujet, la vie de Ronsard, dans l'éd. elzévirienne.

Il est dit aussi, dans l'*Histoire de De Thou*, que Ronsard avait accepté la cure d'Évaillé, et qu'à la tête de sa paroisse, il courut sus aux hérétiques.

La cure d'Évaillé a été occupée par un membre de la famille de Ronsard, le fait est certain ; mais on n'avait eu, jusqu'ici, de données positives que sur un frère aîné du poëte, Charles, qui, en 1555, permutait et passait du prieuré de Brulon à la cure d'Évaillé. Il semblait donc que la question était définitivement résolue, et que la plupart des historiens avaient commis une erreur, assez excusable du reste, en prenant l'un des deux frères pour l'autre, lorsqu'un document est venu apporter, sur ce point, une nouvelle lumière : c'est une transaction postérieure de deux ans à la permutation de Charles de Ronsard (1557), entre l'abbé de Saint-Calais et le curé d'Évaillé. Ce titre est trop important pour que nous n'en citions pas la partie essentielle :

« Saichent tous, présents et advenir, que en la court du roy n^{re} sire, du Mans, ont, par devant nous, Charles Lamoignon..... comparu le révérend père en Dieu, Mr Mre Nicolas Tibaut, père abbé commendataire de l'abbaye dudit Saint-Kalès, diocèse du Mans, d'une part, et noble homme Mre *Pierre de Ronsard*, curé, baron de la cure et église parochialle de Saint-Martin d'Évaillé. »

Grâce à ce précieux document, on peut considé-

rer le débat comme clos. Ronsard fut positivement
dans les ordres et succéda à son frère dans la possession du titre de curé d'Évaillé ; mais il ne reçut
pas la prêtrise ; car, n'oublions pas que si la transaction, dont nous venons de parler, est de 1557,
la lutte de Ronsard avec les huguenots est de 1563,
époque à laquelle le poëte affirme positivement
n'être que dans les ordres mineurs, ne pas être
prêtre, mais s'acquitter seulement des fonctions de
diacre.

Ainsi peut s'expliquer cette longue discussion,
dans laquelle chacun avait tort et raison, puisque
Ronsard, d'un côté, *portait réellement* le titre de
curé et devait, par conséquent, être considéré comme
prêtre, tandis que, de l'autre, il n'en avait pas le
caractère et n'en exerçait pas les fonctions.

CHAPITRE VI

DERNIÈRES ANNÉES DE RONSARD

Les dernières années de Ronsard sont remplies de mélancolie; ce n'est même pas assez dire : sa vieillesse s'écoule dans une sombre tristesse; on sent qu'à partir de la mort de Charles IX, ses illusions s'envolent une à une, et, à mesure que son dégoût du monde augmente, son amour pour ses chères solitudes de Saint-Côme et de Croix-Val devient plus intense. Nous allons montrer maintenant Ronsard aux prises avec une des plus poignantes douleurs que le cœur d'un homme puisse ressentir, avec celle qui devait faire le plus souffrir notre poëte; nous allons le montrer se survivant à lui-même :

Comme poëte, d'abord. Non pas qu'avec l'âge sa Muse ne prenne un vol aussi élevé que par le passé, ni que son génie s'affaiblisse. Certaines pièces, adressées à Henri III, *l'Équité des Vieux Gaulois, les Muses délogées* sont aussi belles que les meilleures pièces de son plus beau temps, que la *Remontrance au peuple de France*, ou le *Discours des misères de ce temps*. Mais il y a vingt ans et plus qu'il est au faîte de sa gloire, et, comme les Athéniens se lassaient d'entendre appeler Aristide le *Juste*, les Français se lassent d'entendre appeler Ronsard le *Prince des poëtes*. Ils sont tellement affamés de nouveauté, que le chantre de Cassandre et d'Hélène voit deux autres écrivains lui succéder dans la faveur publique : ce sont Desportes et du Bartas. Les élégants, le monde de la cour lui préfèrent le poëte voluptueux, qui, pour chanter l'amour, sait trouver des vers plus passionnés encore, et plus pleins, surtout, du feu de la jeunesse. La chanson contre *Une nuit trop claire*, ou celle de *Rosette, pour un peu d'absence*, font oublier désormais la pièce fameuse : *Mignonne, allons voir si la rose*.

A côté de ce rival, un autre encore se dresse devant lui, plus dangereux, peut-être, sinon dans le temps présent, au moins dans l'avenir. La révélation du talent de du Bartas fut pour Ronsard un coup terrible, quoique, au premier moment où il eut connaissance de la *Semaine*, il n'ait pu se défendre d'un sentiment d'admiration pour la beauté de ses vers. Voici en quels termes Colletet, le fils, rend compte de cette première impression : « Quelqu'un apporta la *Semaine*, de du Bartas, et, oyant dire que c'étoit un livre nouveau, Ronsard fut curieux, quoiqu'il fût engagé dans un jeu d'importance, de le voir et de l'ouvrir, et, aussy tost qu'il eût lu les vingt ou trente premiers vers, ravy de ce début si noble et si pompeux, il laissa tomber sa raquette, et, oubliant cette partie, il s'écria : Oh! que n'ai-je fait ce poëme! Il est temps que Ronsard descende du Parnasse et cède la place à du Bartas, que le ciel a fait naître un si grand poëte. »

Il se remet, cependant, de ce premier moment d'émotion, et, voyant l'enthousiasme avec lequel les calvinistes, par esprit de parti, et bon nombre d'autres, par une admiration sincère, accueillaient la *Semaine*, il oublie son impression première et cherche à dénigrer son rival. On avait été jusqu'à dire que du Bartas, en une *Semaine*, en avait fait plus que Ronsard en toute sa vie. Dans son dépit, il adresse à Daurat ce sonnet, où l'on sent le souffle d'un esprit aigri et mécontent :

Ils ont menti, Dorat, ceux qui le veullent dire
Que Ronsard, dont la Muse a contenté les roys,
Sçait moins que du Bartas et qu'il ait par sa voix
Rendu ce témoignage ennemi de sa lyre.
Ils ont menti, Dorat ; si bas je ne respire.

> Je sçay trop qui je suis, et mille et mille fois
> Les plus cruels tourments plutost je souffriroys
> Qu'un aveu si contraire au nom que je désire.
> Ils ont menti, Dorat ; c'est une invention
> Qui part, à mon avis, de trop d'ambition ;
> J'aurais menti moi-même en le faisant paroître ;
> Francus en rougiroit, et les belles-sœurs,
> Qui trempèrent mes vers dans leurs graves douceurs,
> Pour un de leurs enfants ne me voudroient cognoitre.

N'est-ce pas encore à du Bartas qu'il pensait, lorsqu'il dit :

> Je n'aime point ces vers qui rampent sur la terre,
> Ny ces vers ampoulés, dont le rude tonnerre
> S'envole outre les airs. Les uns font mal au cœur
> Des lecteurs dégoutés ; les autres leur font peur.

Pour peu qu'on essaie de lire entre les lignes, on peut facilement discerner la jalousie qui perce dans les dernières productions de Ronsard. On voit, à la fin de sa vie, ce hardi novateur, ce prince des poëtes, qui avait pu dire avec vérité, en s'adressant à la Pléiade, dans un moment d'ivresse :

> . . . . je suis seul vostre étude,
> Vous êtes tous issus de ma Muse et de moy ;
> Vous êtes mes sujets et je suis vostre roy,

se prendre d'une crainte terrible sur son avenir et pressentir vaguement le sort qui l'attend :

> Nous devons à la mort et nous et nos ouvrages ;
> Nous mourrons les premiers, le long reply des âges
> En roulant, engloustit nos œuvres à la fin.

Il corrige alors ses œuvres avec un soin minutieux ; il doute de lui-même ; il semble se reprocher la voie qu'il a suivie et prévoir que cette gloire qu'il a tant aimée, pour laquelle il a travaillé pendant toute sa vie, qui a été son unique but, est sur le point de lui échapper.

A cette première cause de tristesse, viennent encore s'en joindre d'autres. Si le poëte voit pâlir son étoile, l'amant aussi a perdu ses espérances et devient mélancolique. Cassandre l'a lassé par son inflexible rigueur ; Marie, *la belle Angevine*, est morte après avoir été aimée de lui pendant six ans, et a emporté dans le tombeau la meilleure partie de son cœur.

> Comme on voit sur la branche, au moys de mai, la rose
> Rendre le ciel jaloux de sa belle couleur,
> Quand l'aube, de ses pleurs, au poinct du jour l'arrose,
> La grâce dans sa feuille et l'amour se repose,
> Embaumant les jardins et les arbres d'odeur,
> Mais battue ou de pluye ou d'excessive ardeur,
> Languissante elle meurt, feuille à feuille déclose.

C'est en vain qu'il essaie d'oublier sa douleur dans les bras de beautés plus clémentes ; c'est en vain qu'il cherche à s'étourdir :

> Maintenant, je poursuis toute amour vagabonde ;
> Ores j'aime la noire, ores j'aime la blonde,
> Et, sans amour certaine en mon cœur éprouver,
> Je cherche ma fortune où je la puis trouver.

Il aima alors une autre Marie, celle qu'il appelle Sinope et Genèvre. Ce dernier pseudonyme cache le nom d'une Geneviève Rant, qui tenait le cabaret du *Sabot*, dans le faubourg Saint-Marcel. Ce doit être à cette dernière que fait allusion l'auteur du *Temple de Ronsard* :

> L'on pourra voir encor, dans la quatriesme pièce,
> Comme aujourd'huy tu fais l'amour à ton hostesse.

Cet emportement ne convient pas à la nature de Ronsard, et, sur la fin de sa vie, il s'éprend d'une affection tout idéale et empreinte même d'une teinte de tristesse, pour une des filles d'honneur de la reine, Hélène de Surgères.

L'amour véritable n'entra, on peut le dire, pour rien dans cette sorte de jeu d'esprit, qui dura jusqu'à la fin de sa vie. Ce fut d'abord sur l'ordre de Catherine de Médicis, qu'il commença à chanter Hélène qui, paraît-il, était loin de posséder les qualités propres à charmer un cœur de poëte. Duperron [1] dit qu'elle était spirituelle, mais très-laide. Il ajoute : « qu'elle tenoit beaucoup à sa réputation, et qu'un jour, se trouvant chez le cardinal de Retz avec lui, elle le pria de composer une préface pour les œuvres de Ronsard, et d'y dire hautement que le poëte ne l'aimoit pas d'un amour impudique. » Duperron lui répondit assez méchamment, en lui disant qu'en guise de préface, elle n'avait qu'à faire placer son portrait.

Hélène fut le dernier objet de l'amour de Ronsard ; il l'aima respectueusement jusqu'à sa mort, et, peu avant ses derniers jours, il écrivait à Galland, son intime ami, de « présenter ses humbles baisemains à mademoiselle de Surgères, et de la prier d'employer sa faveur auprès du trésorier régnant, pour lui faire payer quelques années de sa pension. »

Voilà où en était réduit, en 1584, le poëte qui avait le plus contribué à faire passer les *Muses d'Italie en France!* Il essayait d'exploiter l'amour au profit de ses intérêts. Reconnaissons, cependant, que, dans les pièces nombreuses adressées à Hélène, il y en a bon nombre où la nature ardente du poëte

[1] Perronniana.

se réveille et jette de suprêmes éclairs. N'oublions pas que c'est à elle qu'il a adressé son plus charmant sonnet :

Quand vous serez bien vieille, au soir à la chandelle, etc.

Par un dernier surcroît d'infortune, le courtisan est aussi en disgrâce. Henri III se lasse de la poésie de Ronsard. Lui qui, d'abord, avait été l'un de ses plus grands admirateurs, qui apprenait par cœur les vers qu'il lui adressait après Montcontour, il fait à Ronsard un des plus grands affronts qu'un poëte puisse recevoir : il lui demande d'écrire en prose! On sait que « le prince avoit institué une assemblée qu'il faisoit deux fois la semaine, en son cabinet, pour ouïr les hommes les plus doctes qu'il pouvoit, et même quelques dames qui avoient étudié sur un problème toujours proposé par celui qui avoit le mieux fait à la dernière dispute[1]. » Henri III chargea Ronsard de soutenir, en sa présence, les *vertus actives*, contre Desportes, qui devait soutenir les *vertus morales*[2]. Quelle tristesse ne dut pas ressentir le vieux poëte, en se voyant condamné à cette tâche ingrate, en voyant sa prose préférée à ses vers par l'autorité royale, qui exerçait, à ses

---

[1] D'Aubigné, *Histoire universelle.*

[2] Les deux discours ont été retrouvés à la bibliothèque de Copenhague.

yeux, la plus terrible censure. N'est-on pas auto-
risé à croire que, tandis qu'il prononçait, en présence d'une assemblée d'élite, l'ennuyeux discours
qui est arrivé jusqu'à nous, une indicible tristesse
s'emparait de lui, et qu'en voyant Desportes, son
émule, se préparer à lui répondre, il sentait l'envie
qui le mordait au cœur? L'hypothèse est d'autant
plus plausible, que Henri III le chargea, une autre
fois, de discourir sur *l'envie*. Qui sait si le mali-
cieux Valois ne cherchait pas à s'amuser aux dé-
pens de son vieux courtisan?

Que l'on ajoute, à ce sombre tableau, que la mort
est venue le frapper dans ses affections les plus chères;
qu'il a vu successivement tomber du Bellay, Jodelle,
Belleau, et l'on comprendra sa tristesse. Peu à peu,
il abandonne davantage la cour et revient à son
Vendômois, à ses prieurés de Croix-Val et de Saint-
Cosme. Il est bien plus raisonnable d'attribuer sa
retraite à de telles causes qu'à celle que Binet essaie
de faire accepter : « Vray est que depuis douze ans,
les gouttes fort douloureuses l'avoient tellement
assailly qu'il lui étoit presqu'impossible de suivre
la court, joinct qu'il n'avoit été oncques, de son
naturel, courtisan importun et ne se pouvoit con-
traindre aux heures des grands. Voilà pourquoi
cette familière privauté..... ne fust telle que sous
le roi Charles. »

Il se retire donc dans le Vendômois, venant seulement à Paris à des intervalles de plus en plus éloignés. Il habite tantôt Saint-Cosme, *l'œillet de la Touraine*, tantôt Bourgueil, où il prend le *déduit* de la chasse, avec des chiens que lui a donnés Charles IX. Il aime à converser avec les Muses, sous les ombrages de la forêt de Gastine, entre la fontaine qu'il a consacrée à Hélène de Surgères et la fontaine Bellerie, dédiée à Remy Belleau. D'autres fois, il s'enferme dans une solitude absolue, se livrant tout entier au feu de la composition et au charme de la lecture. On sait, en effet, qu'il a toujours voulu être seul pour travailler, et que, déjà, lorsqu'il était épris de Cassandre, il disait à son valet :

> Je veux lire en trois jours l'Illiade d'Homère
> Et, pour ce, Corydon, ferme bien l'huys sur moy.

Ou, encore, il s'occupe de jardinage : « Il savoit beaucoup de beaux secrets, fust pour planter, fust pour semer[1]. »

S'il pleure la perte de bon nombre de ses plus fidèles disciples et amis, il a, en revanche, contracté, avec le recteur du collége de Boncourt, Galland, une

---

[1] Binet.

amitié qui ne sera rompue que par la mort, et encore sera ce cet ami de la dernière heure qui, un
jour, élèvera un monument à sa gloire et prendra
soin de sa renommée. Galland! lui écrit notre
poëte :

Galland, ma seconde âme, atrébatique race,
Encor que nos aïeux ay'nt emmuré la place
De nos villes bien loin, la tienne près d'Arras,
La mienne près Vendosme. . . . .
Cela n'empêche pas que les trois belles Grâces,
L'honneur et la vertu n'ourdissent le lien
Qui serre de si près mon cœur avec le tien.
Heureux qui peut trouver, pour passer l'avanture,
De ce monde, un amy de gentille nature,
Comme tu es, Galland, en qui les cieux ont mis
Tout le parfaict requis aux plus parfaits amis.
Jà mon soir s'embrunit et déjà ma journée
Fuit vers son occident, à demi retournée ;
La Parque ne me veut, ni ne peut secourir ;
Encore ta carrière est bien longue à courir. Etc.

Ce fut chez le fidèle ami auquel il adressa ces
beaux vers, que Ronsard habitait, lorsqu'il venait
à Paris, pendant les dix dernières années de sa vie.
Ce fut chez lui qu'il travailla à la correction de ses
œuvres, et qu'il prépara l'édition de 1584, la dernière faite de son vivant. Il y revint encore une fois,
en 1585, l'année même de sa mort, au mois de février, « il y demeura jusqu'au 15 du mois de juin,

durant lequel temps il ne bougea presque du lit, tourmenté par ses gouttes ordinaires[1]. »

> Encore il me restoit entre tant de mal-heurs,
> Que la vieillesse apporte entre tant de douleurs,
> Dont la goutte m'assaut pieds, jambes et jointure,
> De chanter, jà vieillard, les métiers de Mercure.

Désireux de revoir encore une fois son pays et d'y mourir, Ronsard, hors d'état de supporter les fatigues d'un voyage à cheval, se fait faire, chose fort rare à la fin du seizième siècle, un coche, dans lequel il revient à Croix-Val, accompagné de Galland. Désormais, sa vie extérieure est terminée, et il ne nous reste plus qu'à assister à sa longue et douloureuse agonie.

Depuis le mois de juin jusqu'au mois de décembre, époque de sa mort, il change constamment d'habitation : il va de Croix-Val à Saint-Cosme, de Saint-Cosme à Saint-Gille, cherchant partout le repos qui le fuit. Au mois d'octobre, il ne se fait plus aucune illusion sur son état, et il écrit à Galland, « qui étoit retourné à Paris, qu'il est devenu fort faible et fort maigre depuis quinze jours; qu'il craint que les feuilles d'automne ne le voient tomber avec elles, et il le prie instamment

[1] Binet.

de revenir auprès de lui[1]. » Quelques jours après avoir reçu les sacrements en grande dévotion, il se met au lit. « Me voilà au lit, dit-il, attendant la mort, terme et passage commun d'une meilleure vie; quand il plaira à Dieu m'appeler, je suis tout prêt de partir. » Galland arrive à Saint-Gilles le 30 octobre, et ramène son ami à Croix-Val.

La maladie, loin d'avoir paralysé les facultés poétiques de Ronsard, semble, au contraire, les avoir ravivées; son esprit seulement est tout entier tourné du côté de l'éternité : il adresse à son âme cette épigramme, imitée de celle que l'on attribue à l'empereur Adrien : la fin rachète le mauvais goût du commencement :

> Amelette Ronsardelette,
> Mignardelette, doucelette,
> Très-chère hôtesse de mon corps,
> Tu descends là-bas faiblelette,
> Pâle, maigrelette, seulette.
> Dans le froid royaume des morts.
>
> . . . .
>
> Passant, j'ay dit : suy ta fortune,
> Ne trouble mon repos ; je dors.

Toujours jaloux de sa renommée et préoccupé de

[1] Binet.

l'avenir, il veut ensuite composer son épitaphe ; on y sent encore une dernière trace d'orgueil, mais bien atténuée par la pensée de la mort :

> Ronsard repose ici qui, hardy, dès l'enfance,
> Détourna d'Hélicon les muses en la France.
> Suivant le son du luth et les traits d'Apollon ;
> Mais peu valut sa muse encontre l'aiguillon
> De la mort qui, cruelle en ce tombeau l'enserre ;
> Son âme soit à Dieu, son corps soit à la terre.

Pour que Ronsard se compose à lui-même une semblable épitaphe, il faut qu'il ait fait un bien grand pas vers la perfection chrétienne, ou qu'il ait de bien grandes inquiétudes sur l'avenir de son œuvre. Est-ce bien là le poëte qui disait jadis :

> Plus dur que fer, j'ay fini mon ouvrage,

qui aujourd'hui ne dit pas un mot de l'immortalité qui l'attend, et parle à peu près de lui comme il pourrait le faire du premier venu.

> Son âme soit à Dieu, son corps soit à la terre.

Combien je préfère à cette épitaphe les beaux sonnets publiés sous le titre de : *Derniers vers de*

Pierre de Ronsard. Ceux-là sont véritablement empreints d'une haute poésie :

> Quoy, mon âme, dors-tu, engourdie en ta masse !
> La trompette a sonné ; serre bagage et va
> Le chemin déserté, que Jésus-Christ trouva,
> Quand, tout mouillé de sang, racheta notre race ;
> C'est un chemin fâcheux, borné de peu d'espace, etc.

Par un dernier mouvement de réminiscence classique, il s'écrie :

> Il faut laisser maison et vergers et jardins,
> Et chanter son obsèque à la façon du cygne
> Qui chante son trépas sur les bords méandrins ;
> C'est fait, j'ay devidé le cours de mes destins
> J'ay véscu ; j'ay rendu mon nom assez insigne.

On sent, dans ces vers admirables, la trace du dernier combat qui se livre dans son âme entre l'orgueil et les pensées surnaturelles ; combat qui finit par le triomphe absolu de son courage et de sa foi.

Au mois de décembre, peu de jours après avoir composé ces sonnets et ces stances, il se fait conduire à Saint-Cosme : ce devait être son étape finale.

Le caractère de Ronsard se retrouve jusque dans ses derniers moments.

Binet rapporte que « pour recevoir les consolations religieuses, il fit venir un aumônier *issu de noble maison* » qui lui demanda de quelle résolution il voulait mourir. « Qui vous fait dire cela, mon bon amy? répliqua assez aigrement Ronsard; « je veux mourir en la religion catholique, comme mes *ayeulx, bisayeulx et trisayeulx*, et comme je l'ai assez *témoigné par mes écrits*. Et alors, devant les religieux assemblés, il commença à discourir de ses actions « avec une grande repentance. » Le dimanche 22 décembre, il fit son testament. Il laissait ses biens divisés entre l'Église, les pauvres et ses parents; puis, il célébra avec ferveur la fête de la Nativité.

Comme on lui proposait encore de manger pour soutenir ses forces, il répondit par ces vers :

> Toute la viande qui entre
> Dans le gouffre ingrat de ce ventre
> Incontinent, sans fruit ressort ;
> Mais la belle science exquise,
> Que par l'ouye j'ay apprise,
> M'accompagne jusqu'à la mort.

Enfin, le vendredi 27 décembre 1585, Ronsard s'éteignit à deux heures de la nuit; il était âgé de soixante et un ans huit mois et seize jours.

Il fut enseveli dans le chœur de l'Église de Saint-Cosme.

La nouvelle de cette mort, rapportée à Paris par
Galland, y causa une émotion profonde. Pendant
quelque temps, il ne fut question que du grand
poëte que la France venait de perdre : Galland, Binet, Jamyn, Passerat, Garnier, d'autres encore, le
chantent à l'envi comme un héros, presque comme
un Dieu.

Galland, dans la pieuse sollicitude de son amitié
pour celui qui l'appelait sa *seconde âme*, voulut lui
donner un dernier gage d'affection, et fit célébrer
pour lui, le 24 février 1586, un service solennel
dans l'église de Boncourt. Il fut chanté par les mu-
siciens du roi, qui voulut rendre ainsi un hommage
public de son estime pour le poëte de sa cour, et
qui, peut-être, se reprochait intérieurement son ingratitude. La petite chapelle eut peine à contenir
la foule qui vint assister à la cérémonie funèbre ;
tout ce que la cour et la ville avaient de plus illustre se pressait sous ses voûtes. Le cardinal de Bourbon et plusieurs autres grands personnages furent,
au dire de Binet, contraints de se retirer, tant la
foule était grande.

Ce service fut, selon l'usage, suivi d'un repas,
après lequel celui qui fut plus tard le cardinal Du
Perron, et qui portait alors l'épée, n'étant pas encore dans les ordres, prononça l'oraison funèbre.
Son discours est un intéressant échantillon de la

prose élevée de la fin du seizième siècle, un curieux amalgame du profane et du sacré, au milieu
duquel on distingue de grandes beautés. Plusieurs
passages en sont écrits avec une véritable éloquence.

« Quelles choses ferons-nous, disait-il, pour célébrer dignement ce que nous avons reçu de lui?
Quels tombeaux, quelles statues, quelles colonnes,
quels temples, quels autels lui édifierons-nous?
Quelles fleurs, quelles offertes, quelles effusions ré-
pandrons-nous en sa sépulture? En combien de parties diviserons-nous ses cendres, comme les Égyp-
tiens divisèrent les membres d'Osiris, leur patron
et leur bienfaiteur? Quels combats poétiques, quels
jeux, quelles solennités instituerons-nous en faveur
de ses obsèques, afin que tous les poëtes s'assem-
blent d'an en an, au jour de ses funérailles, pour
disputer le prix de la poésie, comme ils faisaient
aux anniversaires d'Amphidamas? etc. »

La péroraison de ce long discours est assez
remarquable :

« Tu as donc ici maintenant, ô grand Ronsard,
ces derniers devoirs et ces derniers honneurs
funèbres, qui te sont offerts de la part d'une âme
pleine de passion et de piété à ton endroit. Tu as
maintenant ici les essais et les prémices de mon
éloquence, si l'on peut appeler éloquence des pa-

roles et des plaintes proférées par la douleur, lesquelles, en somme, quelles qu'elles soient, te sont dédiées et consacrées... Tu as, sans doute, ici l'ornement de tous les ornements qui te doit être le plus agréable... Le présent que je te fais, c'est cette oraison funèbre... Repose donc maintenant en paix, ô grand Ronsard, grand ornement des Muses et de la France. Et vous, qui avez assisté aux obsèques du grand Ronsard, quand vous serez arrivés en vos maisons, annoncez à vos enfants, et que vos enfants annoncent à leurs enfants que vous étiez nés sous si bons et si heureux auspices que d'avoir aujourd'hui aidé à inhumer et ensépulturer le plus grand des poëtes qui ait jamais été entre les François. »

On pourrait faire un volume de toutes les pièces grecques, latines, françaises et italiennes qui furent composées à l'occasion de la mort du poëte, et qui se trouvent recueillies à la fin de ses œuvres, sous le titre de *Tombeau de Ronsard*. Contentons-nous d'y voir d'éclatants hommages rendus à sa mémoire, et gardons-nous de les lire ; car, généralement, elles sont dépourvues de valeur et peu dignes de celui qu'elles honorent.

Longtemps encore après sa mort, Ronsard est universellement considéré, à tel point que *donner un soufflet à Ronsard*, est un synonyme de commettre une faute de français. Mais une petite pierre, hélas! suffira pour précipiter du haut de son piédestal ce colosse aux pieds d'argile. On sait que ce fut Malherbe qui la lança. Voulant rayer de l'œuvre de Ronsard ce qui ne plaisait pas à son génie froid et méthodique, il en vint à tout effacer; et ainsi, sous cette influence, souveraine au commencement du dix-septième siècle, pâlit d'abord, puis s'éclipsa pendant deux cents ans, la gloire d'un des poëtes les plus féconds et les plus distingués de la France.

DEUXIÈME PARTIE

POÉSIES PASTORALES. — SATIRES. — PHILOSOPHIE
DE RONSARD[1].

CHAPITRE VII

LES ÉGLOGUES DE RONSARD

Ronsard, en tentant, dans sa téméraire audace,
d'acclimater en France la poésie pastorale, s'expo-
sait d'avance à un échec certain. Vouloir introduire
à la cour des Valois les églogues qui plaisaient à celle
de Ptolémée et d'Auguste, vouloir s'essayer dans le

---

[1] M. Gandar, dans sa remarquable Étude sur Ronsard, a trop
finement analysé sa poésie épique et lyrique, pour qu'il y ait
lieu, de notre part, à revenir sur ce sujet. La moisson a été
trop bien faite par lui pour qu'il reste, dans ce champ, rien
d'utile à glaner. Nous nous contenterons d'étudier, en cette seconde partie, la poésie pastorale et les satires de Ronsard et
nous la terminerons par une courte appréciation de ses opinions
philosophiques.

genre où avaient excellé Théocrite et Virgile, c'était commettre un anachronisme énorme, et le succès passager qu'obtint le poëte n'excuse pas son erreur. Rien, ni les mœurs, ni la langue, ni même le génie de Ronsard, ne pouvait justifier cette tentative.

Il y a des genres incompatibles avec telle ou telle époque, comme il y en a d'autres qui doivent nécessairement y fleurir. Le seizième siècle devait être un siècle lyrique et, au besoin, aurait pu devenir un siècle épique; mais il ne pouvait absolument pas convenir au développement de la poésie pastorale.

Cette poésie, en effet, est toute de décadence; elle est le dernier produit de la civilisation la plus raffinée. Il faut bien se garder de la confondre avec cette poésie primitive, imprégnée du parfum de la nature, qui chante la vie des peuples pasteurs, et qu'on trouve dans les littératures antiques. L'épisode charmant de Ruth et de Booz, le poëme des *Travaux et des Jours*, ne rentrent pas dans ce que j'appelle proprement le genre pastoral qui, selon moi, demande des contrastes. Dans l'idylle et l'églogue, le poëte, las des hommes, de leurs passions et du luxe que la civilisation introduit tous les jours, essaye d'en revenir à la vie pure et calme des champs et de reprendre les allures simples et le ton naïf du vieux temps qu'il regrette. Mais qu'on ne s'y trompe pas, cette naïveté apparente, cette simplicité recherchée cachent mal une élégance qui se trahit malgré elle, et qui perce, à chaque instant, ces enveloppes rustiques. C'est ce que Virgile fait entendre à merveille par son vers célèbre :

Si canimus silvas, silvæ sint consule dignæ

On veut sans doute en revenir à la nature ; mais on trouve que, telle qu'elle est, la nature est par trop grossière ; la boue des chemins ôte un grand charme aux promenades ; le feuillage des arbres a besoin d'être émondé ; les habitants des champs prêtent peu à la poésie. Il est bien permis, après tout, d'idéaliser quelque peu la nature, afin de ne pas trop choquer les élégants visiteurs que l'on se propose d'amener à sa suite. Alors, on ratisse les avenues ; on coupe l'herbe trop haute ; on habille ces villageois trop rustiques. Bientôt il se trouve que, par des gradations successives, au lieu d'abandonner les habitudes de la ville, on les a tout simplement transportées aux champs. C'est ainsi que Virgile fait parler Tircis et Corydon sur le ton de Varius et de Pollion, et que Florian donne à ses bergères le costume de madame de Pompadour.

Les mœurs du seizième siècle rendaient à peu près impossible une poésie de ce genre. N'oublions pas que la nation qui va, à la fin du quinzième siècle porter la guerre en Italie, est presque, littérairement parlant, une nation barbare. Or, comme l'homme des premiers âges, un peuple dans l'enfance n'aime pas beaucoup la vie des champs ; le prestige de la gloire militaire l'éblouit et l'attire ; il aime mieux manier la lance que le soc de la charrue. La richesse et le luxe le tentent également ; il néglige le reste pour les atteindre : c'est ce qui arrive en France, au seizième siècle. La nation perd peu à peu sa rudesse au contact de l'Italie, sa voisine, depuis longtemps, déjà, plus polie qu'elle ; elle rapporte de ses excursions à l'étranger, la passion des lettres et des arts, et, en suivant les traces de sa rivale, elle l'éclipse. Ce n'est assurément pas au moment où la Renaissance est à son apogée ; quand se construisent le Louvre et les Tuileries ; quand les fêtes de la cour des Valois rivalisent avec celles de Venise et de Florence que le goût de la simplicité rustique peut revenir à la France. Il faut que sa fièvre artistique soit tombée et qu'elle ait épuisé, jusqu'à satiété, les jouissances de la civilisation. Il faut qu'elle en arrive un jour à se dégoûter de Versailles, pour avoir l'idée de construire Trianon.

La langue dont dispose Ronsard, se prête également mal au genre pastoral qui, consistant surtout dans les nuances, dans la délicatesse de l'exécution, dans le contraste de la perfection de la forme avec la rusticité du sujet, demande, avant tout, une langue formée, arrivée même à son plus haut point de perfection, telles qu'étaient celles qu'employaient Théocrite et Virgile. On ne se représente pas le grec d'Hésiode, le latin d'Ennius servant à la poésie bucolique. Le français de Ronsard est tout à fait dans des conditions analogues, et ne se prête pas mieux à la pastorale[1].

Les langues jeunes ont toujours je ne sais quelle âpreté, quel caractère de rudesse qui touche d'assez près à la grossièreté ; elles sont impuissantes à exprimer les nuances ; elles disent les choses, non pas trop simplement, mais trop crûment, de telle sorte qu'il y a parfois dissonance entre la pensée et l'expression. Là où la pensée appellerait un mot fin et délicat, la langue n'en fournit qu'un vulgaire, qui choque le lecteur ; là, au contraire, où il en faudrait un énergique, on n'en peut trouver qu'un qui paraît fade et plat.

---

[1] N'y aurait-il même pas un curieux parallèle à faire entre Ennius et Ronsard, qui vont tons deux puiser à la source grecque, *græco fonte*, et qui tentent chacun de faire goûter à leurs compatriotes, encore barbares, les beautés attiques ?

Les langues jeunes manquent surtout de souplesse : c'est en vain que le poëte a recours à tous les artifices imaginables pour les plier et les assouplir à son gré ; elles demeurent rebelles à ses efforts.

On pourrait, sans trop d'exagération, les comparer à ces étoffes solides, mais grossières, qui ne pourront jamais s'adapter aux contours du corps, ni en dessiner harmonieusement les formes.

En dernier lieu, le génie de Ronsard est peu propre à la poésie bucolique ; il a, sans doute, (je le montrerai ailleurs), le sentiment de la nature ; mais cela ne suffit pas pour l'églogue. Il ne connaît que superficiellement cette existence des pasteurs, dont il vante les charmes ; il ne s'y intéresse pas. Il aime de tout son cœur son Vendômois, ses abbayes, sa chère forêt de Gastine ; mais c'est d'un amour tout idéal. Le pittoresque des sites le séduit ; les frais ombrages l'invitent à une douce et mélancolique rêverie ; mais il n'a pas le culte de la campagne pour elle-même. Son génie mâle et fier est, on le sent, plus à l'aise dans l'épopée ou dans l'ode, que dans la pastorale. Francus, Énée, Ajax sont des compagnons qu'il préfère de beaucoup à Ménalque et à Lycidas.

De plus, certaines idées aristocratiques viennent constamment se mêler à ses vers.

Ses bergers s'appelant Guisin, Navarrin, Orléantin, ne sont bergers que pour la forme et font
résonner, sur leurs chalumeaux, des sujets que
Ronsard croit plus dignes du Louvre que le nom
d'Amaryllis.

Mais qu'importaient ces raisons au génie aven-
tureux du poëte?

L'Italie avait cultivé avec succès la poésie pastorale ; il a lu avec admiration l'*Aminte* et le *Pastor
Fido*, récemment introduits en France. Il veut, à
l'exemple des poëtes latins, s'essayer dans tous les
genres, imiter partout les Grecs, et s'élançant
hardiment sur leurs traces, « il embouche le
flageol bravement, » comme l'a dit Vauquelin de la
Fresnaye.

Si Ronsard ne se rend pas compte des obstacles
qui entravent sa route, le lecteur sérieux devra se
les rappeler avant d'ouvrir ses églogues ; autrement il se dégoûterait vite de cette fade lecture, et,
voyant cette sorte de parodie des plus charmants
vers de Virgile, ce bizarre accoutrement des bergers, ces noms si harmonieux de Lycidas et de
Philis changés comme l'a dit Boileau, en ceux de
Pierrot et de Toinon, il fermerait le livre pour ne
plus le rouvrir. Si, au contraire, il se place en
face de la réalité, et considère Ronsard aux prises
avec les difficultés multiples dont nous venons de

parler, une sorte de curiosité peut le saisir, et il se demandera comment Ronsard est venu à bout de son entreprise. J'ose lui promettre qu'il sera parfois récompensé de son courage et que, de temps à autre, d'heureux passages viendront charmer agréablement son oreille.

Ces obstacles, reconnaissons-le tout d'abord, à la louange de Ronsard, s'il ne s'en rend pas un compte exact, il les sent du moins vaguement. C'est ainsi que, prévenant le reproche de présenter à la cour des poëmes indignes d'elle, il suppose toujours que les « entreparleurs » sont des personnages haut placés et fait sans cesse revenir sur leurs lèvres des sujets politiques. Mélibée, Tyrcis, Lycidas, Galatée, Amaryllis s'appellent désormais, je le repète, Guisin, Carlin, Xandrin, Catin et Margot, allusions plus que transparentes : toujours, comme l'a fait remarquer Sainte-Beuve, ses bergers déplorent quelque trépas illustre, ou chantent un royal hyménée. Ronsard comprend à merveille le peu d'intérêt que la simple idylle offrirait à ses lecteurs, et, lors même qu'il vante les mérites de la nature et soutient qu'il la préfère à l'art, il a bien soin de l'embellir et de la rendre digne, non plus des consuls, mais des rois.

C'est en vain qu'imitant un passage de Sannazar, il dit, en commençant ses églogues :

Des libres oiselets plus doux est le ramage
Que n'est le chant contraint du rossignol en cage.

. . . .

Plus belle est une nymphe en sa cotte agraffée
Aux coudes demi-nus, qu'une dame coiffée
D'artifices soigneux. . . . .
Pour ce, je me promets que le chant solitaire
Des *sauvages* pasteurs doit davantage plaire
(D'autant qu'il est naïf, sans art et sans façon),
Qu'une plus curieuse et superbe chanson.

En réalité, ses bergers ne sont pas aussi sauvages qu'il veut bien le dire ; ils sont *grossiers*, ce
qui est bien différent. Il contredit lui-même, un
peu plus loin, ce qu'il vient d'avancer, et il explique en ces termes que ses bergers ne doivent point
être considérés comme des bergers ordinaires :

> Pour ce, Envie, si tu pinces
> Son nom de brocards légers,
> Tu faux ; car ce sont grands princes
> Qui parlent, et non bergers.

Et ailleurs, revenant encore sur la même idée,
il ajoute :

Ce ne sont pas bergers d'une maison champestre.
Qui mènent, pour salaire, aux champs leurs brebis paistre ;
Mais de haute famille et de race d'aïeux,
Fils de roys, dont le sceptre a fait, en divers lieux,
Trembler toute l'Europe et, en toute assurance,
Conserve les troupeaux dans les herbes de France.

Du moment que Ronsard a ainsi anobli ses bergers, il se croit quitte envers ses lecteurs. L'essentiel, pour lui, c'est d'enlever à ses personnages leur caractère champêtre, et de les mettre en état de pouvoir monter dignement l'escalier du Louvre.

C'est, du reste, une erreur assez excusable chez le poëte ; car elle est partagée par tous ses contemporains. Marot, qui a écrit des églogues avant lui, Baïf et Belleau ne savent pas davantage demeurer dans la simplicité. Tout ce que l'on peut dire, c'est que Ronsard, avec son génie incontestablement supérieur, aurait pu ne pas suivre aveuglément la voie tracée par eux.

Il comprend aussi la difficulté que lui crée la langue dont il dispose, et s'ingénie de mille façons à la vaincre. Cette langue sonore, dans laquelle il a tenté d'imiter le sublime Pindare, il s'efforce, à présent, de la rendre naïve, commettant ainsi une triple erreur ; car, d'un côté, l'églogue ne demande pas toujours la naïveté ; de l'autre, la naïveté ne consiste pas dans les mots, mais dans les idées, et enfin cette qualité délicate, presque insaisissable, disparaît dès qu'on la cherche.

La naïveté, si l'on en veut un exemple, c'est cet inappréciable mélange de gravité religieuse et de grâce enfantine, avec lesquels les peintres italiens de l'école primitive représentent la Sainte Famille ; c'est encore la manière dont Joinville raconte la vie de saint Louis. Le premier caractère de cette qualité, c'est l'inconscience de l'auteur qui, loin de se douter qu'il est naïf, se croit en pleine possession de l'art. Elle peut donner du charme à la poésie intime et familière ; mais elle est déplacée dans l'églogue. Ce genre demande de la grâce et de l'élégance. Parce que Virgile peignait avec beaucoup de nuances les mœurs champêtres ; parce qu'il entrait dans le détail de la vie des bergers, Ronsard a cru qu'il était naïf ; c'est une erreur profonde. Il n'y a rien de naïf chez Virgile. Il y a entre lui et les auteurs naïfs la même différence qu'entre Raphaël et ses devanciers. Virgile, disant dans un vers admirable :

> Incipe, parve puer, risu cognoscere matrem,

et Raphaël peignant la Vierge à la chaise, obéissent à la même pensée ; ils sont gracieux, ils ne sont pas naïfs.

C'est ce que ne comprend pas Ronsard, et, pour rendre le chant de ses bergers « naïf, sans art et sans façon, » il a recours à des artifices qui trahissent à chaque instant ses efforts. C'est pour être naïf qu'il appelle Guise, Guisin ; qu'il abuse de ces diminutifs ridicules qui déparent ses poésies : *rossignolet*, *nouvelet*, etc., qui reviennent sans cesse sous sa plume et causent au lecteur une indicible fatigue. Il espère ainsi se rendre gracieux, tandis qu'en réalité, il n'est que singulier. A force de rechercher la naïveté, il tombe dans l'excès contraire, non pas dans l'affèterie, défaut du dix-huitième siècle, qui ne peut pas se produire au seizième, mais dans une affectation ridicule, dans une recherche grotesque. J'aurais, pour ma part, bien préféré « des idylles gothiques, » c'est à-dire barbares, ainsi que l'entendait Boileau, à ce mélange d'enflure et de grossièreté.

Trop souvent, en effet, visant au naïf, il tombe dans la trivialité en employant des mots disgracieux et choquants : c'est ainsi qu'il parlera : des nymphes en *vasquine*, des *ergots mi fourchus* d'un satyre, d'un *tertre bossu*. Un de ses bergers donne les détails suivants sur ses fromages :

> L'une part devient cresme et l'autre part se caille ;
> L'une devient fromage, un mol, l'autre seiché ;
> Le mol est pour manger, le sec pour le marché.

Est-il une image qui semble mieux convenir à la poésie pastorale que celle d'un pasteur jouant du chalumeau, du Tityre de Virgile, par exemple? Voici ce qu'elle devient, traitée par le pinceau de Ronsard :

. . . .

Et là j'avise un pasteur qui portoit
Dessus le dos un habit qui estoit
De la couleur des plumes d'une grue ;
Sa panetière à son costé pendue,
Estoit d'un loup, et l'effroyable peau
D'un ours pelu luy servait de chapeau.
Luy, appuyant un pied sur sa houlette,
De son bissac aveind une musette,
La mit en bouche, et ses lèvres enfla ;
Puis coup sur coup en haletant souffla
Et ressouffla d'une forte halénée
Par les poumons reprise et redonnée,
Ouvrant les yeux et fronçant le sourcy ;
Mais quand partout le ventre fut grossy,
De la chevrette et quelle fut égalle
A la rondeur d'une moyenne balle,
A coup de coude en repoussa la vois ;
Puis çà, puis là, faisant saillir ses dois
Sur les pertuis de la musette pleine,
Comme saisi d'une angoisseuse peine,
Palle et pensif, avec un triste son,
De sa musette il dit cette chanson :

Voilà comment Ronsard entend la naïveté. On remarquera sans peine que là, ce n'est pas l'idée qui nous paraît grossière et qui fait involontairement naître le sourire sur nos lèvres, mais seulement l'expression et le développement outré de la description. En songeant au vers de Virgile, qu'il a voulu amplifier, on est tenté de dire à Ronsard, avec Molière :

Virgile, avec deux mots, en dirait plus que vous.

Si le nom de Virgile revient constamment sous notre plume, ce n'est pas tant parce qu'il est, avec Théocrite, le plus grand poëte pastoral du monde, que parce que Ronsard l'a constamment imité, car il a le tort de ne pas vouloir voler de ses propres ailes et de se proposer toujours un modèle. Dans l'ode, il imite Pindare; dans l'épopée, Homère et Virgile; dans le sonnet, les Italiens. Dans l'églogue, c'est Virgile qui est son idéal; il n'en pouvait assurément choisir un meilleur, et je ne m'en plaindrais guère, si la traduction, chez lui, conservait toujours les grâces du modèle; mais on y est plus souvent en présence d'un Virgile travesti que traduit. Les vers les plus admirables deviennent incolores ou grotesques dans leur forme nouvelle; et celui qui ne connaîtrait Virgile que d'après Ronsard, se ferait, de son génie, une bien pauvre idée.

Virgile a dit, par exemple :

Dulcibus idcirco fluviis pecus omne magistri
Perfundunt udisque aries in gurgite villis
Mersatur missusque secundo defluit amni ;

ce que Ronsard traduit de la sorte :

> Quand nous irons baigner les grasses peaux
> De nos troupeaux,
> Pour leur blanchir ergots, cornes, laine, etc.

Voici comment il imite encore ces vers délicieux :

> Vitis ut arboribus decori est, ut vitibus uvæ,
> Ut gregibus tauri, segetesve ut pinguibus arvis,
> Tu decus omne tuis. Postquam te fata tulerunt,
> Ipsa Pales agros atque ipse reliquit Apollo[1] :

> Tout ainsi que la vigne est l'honneur d'un ormeau,
> Et l'honneur de la vigne est le raisin nouveau,
> Et l'honneur des troupeaux est le bouc qui les meine ;
> Et comme les espis sont l'honneur de la plaine ;
> Et comme les fruits mûrs sont l'honneur des vergers,
> Ainsi, ce Henriot fut l'honneur des bergers.

Virgile, en parlant de la mort de César, a dit, dans un sublime langage :

> Ille etiam (sol), exstincto miseratus Cæsare Romam,
> Quum caput obscura nitidum ferrugine texit,
> Impiaque æternam timuerunt sæcula noctem.

[1] Marcassus, dans ses commentaires, a donné de ces vers latins, une traduction préférable à celle de Ronsard :

> De même que la vigne est l'ornement plus rare,
> Dont pour se faire voir, un bel arbre se pare ;
> Que l'honneur de la vigne est le raisin meury ;
> Des troupeaux, le taureau ; des champs, le blé fleury,
> Ainsi, mon cher Daphnis, ta vertu non pareille
> Te fit être, des tiens, la plus rare merveille.

Ronsard s'écrie également, à la mort de Henri II :

> Toutes choses çà-bas, pleuroient en déconfort,
> Le soleil s'ennua pour ne voir telle mort
> Et d'un crespe rouillé, cacha sa tête blonde,
> Abominant la terre, en vices si féconde.

Il trouve, dans la peinture de l'âge d'or, une excellente occasion d'user de son talent de coloriste, et, comme toujours, il exagère à plaisir :

> La terre produira toute chose sans soin,
> Mère qui ne sera, comme devant férue
> De rateaux aiguisez, ni de socs de charrue, etc.

L'imitation est cependant quelquefois moins malheureuse. Ainsi, le passage où Ronsard paraphrase le *Salve magna virum parens*, ne manque ni d'élévation ni de grandeur ; mais quelle idée malencontreuse a eue le poëte de mettre dans la bouche d'une soi-disant bergère l'éloge de Budé, de Turnèbe et des savants de la Renaissance !

Est-ce à dire, cependant, que tout soit détestable dans les églogues de Ronsard? Assurément non. Parfois un éclair vient déchirer la nue, et un beau vers en fait oublier beaucoup de faibles ou d'outrés. C'est ainsi qu'après avoir parlé du soleil, cachant sa tête blonde, il adresse à Henri II cette belle apostrophe : « O, berger Henriot.....

> Tu vis là-haut, au ciel, où, mieux que paravant,
> Tu vois dessous tes pieds les astres et le vent,
> Tu vois dessous tes pieds les astres et les nues,
> Tu vois l'air et la mer et les terres cognues,
> Comme un ange parfait, deslié du soucy,
> Et du fardeau mortel qui nous tourmente icy.

Orléantin, dans la même églogue, commence à débiter ces vers gracieux :

> Puisque le lieu, le temps, la saison et l'envie
> Qui s'eschauffent d'amour à chanter nous convie,
> Chanton doncques, bergers, et, en mille façons,
> A ces vertes forests apprenon nos chansons.

Dans la quatrième églogue, le pasteur Bellin développe agréablement la même idée :

> Ne bougeon, mon Perrot ; l'ombre du chêne est bonne. Etc.

C'est dans les bucoliques que se trouvent ces deux vers, qu'on doit compter parmi les meilleurs de Ronsard :

> Nous vivrons et mourrons ensemble et, tous les jours
> Vieillissant, nous verrons rajeunir nos amours.

Mais, malgré quelques beautés de détail, l'ensemble de l'œuvre est mauvais et devait l'être. Quelques bons vers, semés parmi tant de médiocres, ne suffisent pas pour racheter l'erreur de Ronsard, qui, si l'amour de l'antiquité sous toutes ses formes ne l'avait pas aveuglé, aurait pu comprendre la difficulté de sa tentative.

Pour résumer en quelques mots mon appréciation sur ses pastorales, je dirai que Ronsard, *embouchant le flageol* à la cour des Valois, et n'ayant à sa disposition que la langue du seizième siècle, me fait l'effet d'un musicien qui jouerait, devant la foule, un air faux sur un instrument imparfait. Il pourrait avoir quelque succès auprès d'un auditoire ignorant ; mais il n'obtiendrait jamais les suffrages des connaisseurs véritables.

CHAPITRE VIII

LES SATIRES DE RONSARD

Ronsard a écrit des satires, le fait n'est pas douteux ; la *Réponse à quelque ministre*, le *Discours des misères de ce temps*, l'*Invective*, la *Remontrance au peuple de France* ne peuvent être appelés d'un autre nom ; mais Ronsard est-il bien un poëte satirique ? A-t-il eu le génie de la satire ? C'est, à mon sens, une question à débattre.

En disant que la satire peut être envisagée de deux façons distinctes, qu'Horace et Juvénal résument parfaitement en eux deux écoles opposées, nous ne faisons qu'énoncer une vérité connue de tous, et sur laquelle nous croyons tout à fait inutile d'insister. Chacun sait assurément qu'Horace ne recourt qu'à l'ironie et à l'enjouement ; qu'il a fait de la satire badine un si heureux usage, qu'il a mérité d'en devenir la personnification, tandis que

Juvénal représente la satire acérée et mordante.
On peut voir aussi dans l'Alceste et le Philinte, de
Molière, deux types différents de la satire. Comme
Juvénal, Alceste s'indigne contre les vices de l'humanité qu'il veut redresser; il les flagelle de tout
son pouvoir, et son dessein « est de rompre en visière à tout le genre humain, » tandis que, Philinte
voyant comme Horace que les hommes sont incura-
bles, et que leurs défauts sont inhérents à leur nature, prend le monde comme il est :

Oui, je vois ces défauts, dont votre âme murmure, etc.

Ronsard n'appartient évidemment pas à l'école
d'Horace et de Philinte. Pour réussir dans la satire
telle qu'Horace la comprend, il faut que le poëte
soit doué d'un tact exquis, d'une délicatesse de
pensée, d'une finesse d'expression, d'une précision
dans les détails qui sont incompatibles avec l'esprit
altier de Ronsard. Il faut avoir, à un très-haut degré, le sens de l'observation, prendre la nature humaine sur le fait et, par conséquent, l'étudier tous
les jours de la vie. — Quand Horace raconte, dans
son charmant langage, le repas ridicule; quand il
donne à Dave la permission de s'élever contre les
désordres de son maître; quand il énumère, avec
Catius, d'innombrables recettes culinaires, nous

reconnaissons tout de suite l'exactitude ingénieuse du poëte; nous nous rendons compte de son amour pour les particularités, et nous nous expliquons ce que l'on a voulu dire en parlant de son heureuse minutie : « *curiosa felicitas*. »

Ronsard ne peut pas s'astreindre à ce genre de satire; il doit évidemment répugner à sa nature indépendante et fière, à son orgueil de gentilhomme, de suivre les traces du fils de l'affranchi. Lui, le poëte superbe par excellence, plein de dédain pour le *simple populaire*, qui trouve du plaisir à entendre la foule déchirer son nom (ainsi qu'il le dit dans le *Discours de la Fortune*), il ne peut se résoudre à étudier cette foule pour la peindre. Remarquons bien qu'un des défauts de Ronsard, c'est de ne pas avoir l'esprit d'observation; l'étude de la nature humaine ne l'intéresse que très-médiocrement : je n'en veux pour preuve que les personnages qu'il met en scène, soit dans les *Hymnes*, soit dans la *Franciade;* ce ne sont que des ombres, des reflets des personnages créés par l'antiquité et légués par elle.

Doué d'un coup d'œil synthétique, sachant bien saisir l'ensemble d'un sujet, Ronsard n'a pas l'esprit d'analyse; il ne sait pas peindre un caractère et se propose bien moins, dans ses satires, de railler un vice que de flageller une personne.

Flageller, c'est là un mot qui fait immédiatement penser à Juvénal, et donnerait à supposer que Ronsard doit être compté parmi ses disciples. Je n'hésiterais pas, en effet, à l'y placer, si je lui accordais le titre de satirique : c'est bien l'indication *qui fait son vers;* il a bien toute l'énergie, toute la véhémence qui caractérise cette école; il a infiniment plus de points de contact avec elle qu'avec celle d'Horace; mais je me fais de la satire une plus haute idée, et ne trouve pas que Ronsard en ait suffisamment observé toutes les règles.

Je viens de remarquer que le but de Ronsard est de flageller les personnes : Juvénal, j'en conviens, a agi de même; mais il a, au moins, su faire des portraits qui, le nom enlevé, subsistent; il a élargi le débat, et, s'il ne s'est pas abstenu de personnalités, il a aussi attaqué les vices en général, et plus encore les vices que les personnes.

Par des moyens opposés, Horace et Juvénal ont atteint le même but : l'un a livré à la risée publique, l'autre a cloué au pilori les parasites, les débauchés, les délateurs, de quelque nom qu'ils s'appellent. Ronsard s'est toujours renfermé dans des questions personnelles; la lutte est circonscrite entre lui et ses adversaires. Ses attaques sont souvent maladroites, parce qu'elles dégénèrent en insultes directes. Peu lui importent les armes dont il

se sert, tout lui est bon, pourvu que le coup porte ;
tandis que Juvénal est un moraliste qui s'indigne ;
Horace un aimable égoïste qui observe le monde,
Ronsard n'est qu'un homme attaqué qui se défend.
Ce caractère se retrouve à peu près dans toutes ses
satires. S'élève-t-il dans l'*Invective* contre quelqu'un de la cour, quel est son grief?

> Tu oses bien, au milieu des repas,
> Ayant les mains le premier dans les plats,
> Tu oses bien *te mocquer de mes vers*
> Et, te gaussant, les lire de travers,
> A chaque poinct disant le mot pour rire.

Voilà pourquoi Ronsard l'accable d'injures, et,
en un langage des plus énergiques, lui souhaite
tous les malheurs imaginables.

Dans ses satires, Ronsard a recours à trois procédés : l'ironie, l'invective, la lamentation. Tantôt il
se moque, tantôt il insulte, tantôt il se plaint. Nous
devons dire qu'il a manié ces trois formes avec un
bonheur très-inégal. L'ironie est à peu près toujours de mauvais goût chez lui. Il manie lourde-
ment la plaisanterie : au lieu de diriger contre son
adversaire une flèche acérée qui le blessera profondément, on dirait qu'il lui lance de lourdes
pierres qui, généralement, n'atteignent pas leur
but, à cause de leur poids. Le sel attique ou gau-

lois, ce je ne sais quoi de fin et de mordant, qui se trouve chez Horace, chez Rabelais, chez La Fontaine, il ne le connaît pas ; il ne sait pas rester dans les bornes prescrites par le goût, et, la plupart du temps, ses plaisanteries paraissent froides et déplacées.

N'est-ce pas un argument de mauvaise foi et de mauvaise grâce d'exhorter ainsi Calvin au martyre :

> Que vit tant, à Genève, un Calvin déjà vieux
> Qu'il ne se fait, en France, un martyr glorieux ?

Il n'est pas digne non plus d'un satirique d'inviter les protestants à faire des prodiges :

> Ce n'est plus aujourd'hui qu'on croit en tels oracles,
> Faites à tout le moins quelques petits miracles !

Il reproche ainsi aux pasteurs de répandre leur doctrine dans le peuple :

> Le peuple qui vous suit est tout empoisonné,
> Il a tant le cerveau de sectes étonné
> Que toute la rhubarbe et toute l'Anticyre
> Ne lui sauroient guérir sa verrue qui empire.

Dans la *Réponse à quelque ministre*, il réfute de

la sorte le reproche que lui adressent ses ennemis,
d'être prêtre :

> Je serois révéré, je tiendrois bonne table,
> Non vivant comme toy, ministre misérable,
> Pauvre sot prédicant, à qui l'ambition
> Dresse au cœur une roue et te fait Ixion,
> Te fait dedans les eaux un altéré Tantale,
> Te fait souffrir la peine, à ce voleur égale,
> Qui remonte et repousse aux enfers un rocher
> Dont tu as pris ton nom. . . . .

Un peu plus loin, il appelle ce ministre un *loup-garou*, et, usant par ironie, du titre de *prêtre*, qu'on lui attribue, il l'exorcise :

> Fuyez, peuples, fuyez ; que personne n'approche ;
> Sauvez-vous en l'église, allez sonner la cloche
> A son dru et menu ; faites flamber du feu ;
> Faites un cerne en rond ; murmurez peu à peu
> Quelque basse oraison et mettez en la bouche
> Sept ou neuf grains de sel, de peur qu'il ne vous touche.
> Voy-le-cy ; je le voy, escumant et bavant ;
> Il se roule en arrière, il se roule en avant,
> Affreux, hideux, bourbeux ; une espesse fumée
> Ondoye de sa gorge, en flammes allumée ;
> Il a le diable au corps.

Il raille ailleurs, par un assez mauvais jeu de mots, la *tête Calvine*, ou fait ainsi le portrait des ministres protestants, tout en traçant le sien :

> Prédicant, mon amy, je n'ay rien que la chair ;
> J'ay le front renfrogné et ma peau maltraittée
> Retire à la couleur d'une âme Achérontée,
> Si bien que si j'avois ces habits grands et longs,
> Ces manteaux allongez qui tombent aux talons
> Et qu'on me vist, au soir, si pâle de visage,
> On diroit que je suis ministre de village.

On voit, par ces exemples, que Ronsard n'a pas su se servir avec tact de l'ironie ; il n'a pas de finesse dans le trait. L'ironie demande, d'ailleurs, une qualité qui manque à Ronsard : c'est le sang-froid. Il écrit toujours ses pièces satiriques sous le coup d'une émotion trop vive, pour permettre au rire franc et naturel d'y trouver place. Horace, au contraire, est toujours maître de lui, et, s'il rit volontiers des vices de l'humanité, c'est que ces vices ne le touchent pas beaucoup.

Dans l'invective, dans la satire arrivée à son plus haut degré de violence, Ronsard est assez inégal. Parfois il y est vulgaire ; souvent il y atteint les sommets les plus élevés de l'éloquence, suivant que sa fantaisie du jour est bonne ou mauvaise. Car Ronsard, qui a tant soigné ses *Odes* et ses *Hymnes*, ne polit pas beaucoup ses vers dans la polémique, et laisse une large part à l'inspiration.

Plus d'une de ses apostrophes manque de force et de véhémence ; que dire de celle-ci, par exemple :

Tu presches seulement pour engraisser ta panse ;
Tu pippes les seigneurs d'une vaine apparence ;
Tu jappes en mastin contre les dignités
Des papes, des prélats et des authoritez
Tu renverses nos lois et, tout enflé de songes,
En un lieu de vérités tu plantes des mensonges,
Tes monstres contrefaicts qu'aboyant, tu défens,
Tes larves qui font peur seulement aux enfans
Tu as, selon ton sens, l'Évangile traictée,
Tu fais de l'Éternel un muable Protée,
Le tournant, le changeant sans ordre et sans arrêt,
Selon ta passion et selon qu'il te plaist?

Les mots se traînent dans ce passage, avec la pensée ; il n'y a ni énergie ni élévation dans les idées. Mais à côté de ces vers insignifiants, combien en pourrait-on citer de superbes et qui sont écrits sous le coup d'une véritable émotion religieuse !

Il adresse, par exemple, aux réformés, ce sanglant reproche, si vigoureusement exprimé :

Et quoy ! brusler maisons, piller et brigander,
Tuer, assassiner, par force commander,
N'obéir plus aux roys, amasser des armées,
Appelez-vous cela *Églises réformées?*

— 154 —

Jésus que, seulement, vous confessez icy
De bouche et non de cœur, ne faisoit pas ainsy ;
Et sainct Paul, en preschant, n'avoit pour toutes armes,
Sinon l'humilité, la prière et les larmes,
Et les pères martyrs, aux plus dures saisons
Des tyrans, ne s'armoient sinon que d'oraisons,
Bien qu'un ange du ciel, à leur moindre prière,
En soufflant, eust rué les tyrans en arrière.

Un peu plus loin, on lit également ce beau morceau :

Car Christ n'est pas un Dieu de noise ny discorde ;
Christ n'est que charité, qu'amour et que concorde,
Et monstrez clairement, par la division,
Que Dieu n'est point autheur de votre opinion.

Il s'écrie encore, avec éloquence, dans le *Discours des misères du temps* :

O heureuse la gent que la mort fortunée
A depuis neuf cents ans sous la tombe emmenée !
Heureux les pères vieux des bons siècles passés
Qui sont, sans varier, en leur foy trépassés.
Ains que tant de d'abus l'Église fust malade,
Qui n'ouïrent jamais parler d'Œcolampade,
De Zuingle, de Bucer, de Luther, de Calvin,
Mais, sans rien innover du service divin,
Ont vescu longuement, puis d'une vie heureuse,
Ont rendu à Jésus leur âme généreuse !

Mais là où Ronsard a fait preuve d'un talent

réel, là où il s'est véritablement montré un grand
poëte, c'est quand il se lamente sur les maux de la
patrie et sur les siens. C'est qu'en réalité le génie
de Ronsard est plutôt élégiaque que satirique. Il
sait moins s'indigner contre les vices des hommes,
que pleurer sur leurs malheurs. Le caractère général de mélancolie, dont sont empreintes si souvent ses œuvres, se retrouve dans la partie satirique, plus nettement accusé encore. S'il ne nous
transporte pas toujours d'indignation, en nous
montrant les impiétés commises par les réformés;
si ses plaisanteries laissent, la plupart du temps, le
lecteur assez indifférent, il sait l'émouvoir profondément, en évoquant les souvenirs du passé :

> Ha ! que diront là-bas sous leurs tombes poudreuses,
> De tant de vaillans roys, les âmes généreuses?
> Que dira Pharamond, Clodion et Clovis,
> Nos Pépins, nos Martels, nos Charles, nos Louys,
> Qui, de leur propre sang, à tout péril de guerre,
> Ont acquis à leurs fils une si belle terre !...
> Ils se repentiront d'avoir tant travaillé,
> Assailly, défendu, guerroyé, bataillé,
> Pour un peuple mutin, divisé de courage,
> Qui perd, en se jouant, un si bel héritage !...

Ronsard confond tellement l'élégie et la satire,
qu'une de ses satires, à la fois les plus violentes et
les plus belles, est rangée parmi ses élégies ; je

veux parler de la trentième : *A la forêt de Gastine*.
Elle est le type achevé de la satire, telle que la
comprend Ronsard. Au lieu de s'indigner contre
les ordres cruels qui vont faire abattre ces arbres
adorés, il aime mieux les apostropher et leur
adresser de touchants adieux :

> Adieu, vieille forest, le jouet de zéphyre,
> Où premier j'accorday les cordes de ma lyre,
> Où premier j'entendy les flèches résonner
> D'Apollon, qui me vint tout le cœur étonner.
>
> . . . .
>
> Adieu, vieille forest, adieu, testes sacrées,
> De tableaux et de fleurs en tout temps révérées, etc.

C'est lorsqu'il a recours à cette forme élégiaque,
que Ronsard se montre véritablement lui-même ;
c'est elle qui lui a inspiré ses meilleures satires ;
c'est à elle qu'il doit ses plus éloquentes inspirations.

Ne nous montrons pas, en somme, trop sévères
pour Ronsard. Si nous ne lui avons pas reconnu, à
proprement parler, le génie de la satire ; s'il se
rapproche plutôt des élégiaques, n'oublions pas
cependant, que c'est à lui que nous devons l'introduction en France de la satire didactique et classique.
Avant lui, sans doute, l'esprit satirique avait souvent essayé de se faire jour : Marot, Estienne,

Rabelais, Villon, les auteurs des fabliaux, et,
comme on l'a dit de nos jours, les sculpteurs de nos
cathédrales gothiques lui avaient fait une large
part ; mais Ronsard en revint à la satire latine, à la
forme classique, dont s'enorgueillissait Quintilien [1],
et lui donna droit de cité en France. S'il n'a pas la
gloire d'avoir pleinement réussi dans ce genre difficile, nul ne peut, du moins, lui contester l'honneur
d'avoir préparé une nouvelle voie, et la postérité
doit se montrer reconnaissante envers celui qui
traça la route que suivront, un jour, d'Aubigné et
Régnier.

[1] Satira tota nostra est.

CHAPITRE IX

Ronsard, il faut l'avouer, ne fut jamais un philosophe dans la véritable acception du mot, et ce serait méconnaître la nature de son génie, que de vouloir le considérer comme tel. Participant au goût général de son époque, l'une de celles où les genres furent le plus tranchés, il n'aime pas beaucoup le poëme philosophique. La poésie, au seizième siècle, n'était pas considérée, ainsi qu'elle l'avait été dans l'antiquité, et ainsi qu'elle l'est de nos jours, comme un moyen de propagande philosophique ou religieuse. Ronsard est aussi éloigné de la poésie religieuse des Grecs que de notre poésie philosophique. En général, le versificateur du seizième siècle (j'excepte, bien entendu, du Bartas, qui est un écrivain d'une nature tout à fait à part, qui est huguenot et vit loin de la cour), aborde assez rarement les sujets d'un intérêt commun : ou bien, il suit son inspiration personnelle et, tout en voulant exprimer ses propres sentiments, il chante, sur un ton à peu près uniforme, Olive, Cassandre ou Cléonice ; ou bien, il se plie aux exigences de la cour, en célèbre les jeux, les fêtes, les plaisirs, et consacre son talent aux cartels et aux mascarades.

Telle est l'idée que se fait Ronsard du genre lyrique. On peut voir, dans les lignes suivantes, empruntées à la préface de ses *Odes*, qu'il laisse bien peu de place à la philosophie : « **Tu** dois sçavoir, lecteur, que toute sorte de poésie a l'argument propre à son sujet : l'héroïque, armes, assauts de villes ; le lyrique, l'amour le vin, les banquets dissolus, les danses, masques, chevaux victorieux, escrimes, joûtes et tournois, et *peu souvent quelqu'argument de philosophie.* »

Ces réserves une fois faites, voyons ce que pense Ronsard du problème des destinées humaines ; essayons de déterminer ses tendances philosophiques et, enfin, examinons sa morale.

Ronsard a évidemment des tendances platoniciennes ou, pour mieux dire néo-platoniciennes, mêlées à des idées empruntées à la philosophie d'Aristote. Il représente assez exactement cette école de transition, qui n'ose rompre tout à fait avec l'école scolastique et nier l'autorité d'Aristote, mais qui, cependant, se sent plus attirée vers la philosophie platonicienne. Ronsard, dans sa jeunesse, est allé en Italie, il a pu y entendre parler de l'École Florentine et de Marsile Ficin, qui a remis Platon en honneur ; il est contemporain de Ramus qui, le premier, a osé soutenir, en Sorbonne, cette thèse hardie, que *tout n'est pas vrai dans Aristote*. On n'a pas de peine à comprendre qu'il penche pour les doctrines nouvelles.

C'est ainsi qu'il semble incliner vers le système platonicien, qui voit une âme animant et dirigeant le monde, ainsi que l'a dit Virgile.

Il dira, par exemple, en s'adressant au ciel, c'est-à-dire, selon lui, à l'ensemble de l'univers créé :

> L'esprit de l'Éternel qui avance ta course,
> Espandu dedans toy, comme une vive source,
> De tous costés t'anime et donne mouvement,
> Te faisant tournoyer en sphère rondement,
> Pour être plus parfaict : car, en la forme ronde
> Gist la perfection qui toute en soy abonde.

Le commentateur Richelet, développe, à ce sujet, la pensée du poëte en ces termes : « Ayant mieux aimé, nostre autheur, suivre en cela l'opinion de Platon que celle d'Aristote, qui nie que le monde

soit animé partout, mais seulement en une partie,
à sçavoir, en ses sphères célestes, qui sont, dit-il,
animées et vivantes; chose absurde qu'une partie
soit plutost animée que son tout; les choses
célestes et supérieures que les élémentaires et infé-
rieures. »

Ronsard est revenu plusieurs fois sur cette idée
que la forme ronde est la forme parfaite :

> Car le parfait consiste en choses rondes.

Le commentateur cite à l'appui de l'assertion du
poëte cet éloge que fait Pline de la figure sphé-
rique : « *Omnibus sui partibus, vergit in sese, ac
sibi ipsa toleranda est seque includit et continet,
nullarum egens compaginum nec finem aut initium
ullis sui partibus sentiens, ad motum aptissima.* »
Ronsard est porté à croire, suivant l'idée de Platon, que le ciel est de feu, d'un feu « pur et inno-
cent, qui ne consume point :

> D'un feu vif et divin ta vouste est composée,
> Non feu matériel. . . . .
> Mais celuy qui là-haut en vigueur entretient
> Toy et les yeux d'Argus, de lui seul se soutient,
> Sans mendier secours, car sa vive étincelle,
> Sans aucun aliment, se nourrit de par elle ;
> D'elle-même elle luit, comme fait le soleil,
> Tempérant l'univers d'un feu doux, etc.

Comme Platon, Ronsard place Dieu dans le monde : *Intra mundum qui gubernataris exemplo intra illud maneat quod regat*[1].

Si les hymnes philosophiques de Ronsard ne se font remarquer par aucune originalité et ne sont que des exposés de systèmes, dont il ne peut revendiquer la propriété, ils prouvent du moins sa vaste érudition ; ils attestent, d'abord, une connaissance assez approfondie d'Aristote et de Platon, et supposent une lecture sérieuse des philosophes d'Alexandrie. Ce n'est pas sans raison que Richelet cite, dans ses Commentaires, Proclus, Porphyre, Jamblique. Il devait savoir que c'était sur eux que s'appuyait Ronsard.

Le caractère double du génie de Ronsard, que nous avons eu occasion de signaler ailleurs, se retrouve également dans ses opinions philosophiques ; il mêle, à chaque instant, les idées de l'antiquité et celles du moyen âge, la philosophie païenne à la philosophie chrétienne. Il tient encore de très-près au moyen âge, non-seulement par ses pensées, mais même par la forme allégorique qu'il leur donne.

Il a consacré, par exemple, un hymne important à l'Éternité, suivant en cela une inspiration chré-

---

[1] Tertullien., Apolog., cité par Richelet dans les Commentaires.

tienne, puisque le paganisme n'allait pas au delà
de l'idée d'immortalité. Ne nous semble-t-il pas
qu'il n'y ait qu'une seule marche à suivre pour
traiter cette matière ; que le poëte n'ait rien à faire
qu'à s'abîmer devant l'infini, et que toute sa pièce
doive n'être qu'un point d'interrogation, qu'il soit
sceptique ou croyant ? car, sceptique, il renoncera
à deviner l'énigme et se jettera, tête baissée, dans
le doute ; croyant, il s'en remettra à la Providence
pour la solution de ces problèmes, qui échappent à
son intelligence. Tout autre est, cependant, le procédé de Ronsard, et, dès les premiers vers, la
nature orgueilleuse et fière de l'auteur se révèle ;
il ne se sent ni confondu, ni écrasé par la majesté
de son sujet, et pas un mot ne laisse à entendre que
les plus grands génies de l'humanité, réduits à
leurs propres forces, n'ont pu résoudre la question
qu'il se propose d'étudier : « Je veux, se contente-t-il
de dire :

> Je veux, s'il m'est *possible*, atteindre la louange
> De celle par les ans qui jamais ne se change.

Et, tout de suite, s'inspirant des allégories du moyen
âge, il a recours au mythe ; l'éternité devient vivante ; il la voit, la personnifie et la décrit :

> Tout au plus haut du ciel, sur un trône doré, etc.

Et toute la pièce se maintient dans cet ordre d'idées ; assurément, elle ne manque ni d'imagination ni de grandeur ; mais, ni le philosophe, ni le théologien n'auront rien à y puiser. Cette peinture, toute physique, de l'éternité, n'indique pas un esprit porté vers les sphères de la contemplation. C'est qu'en effet, Ronsard n'aime guère l'abstraction ; son génie ne peut point flotter dans le vague ; ses pensées, nettes et arrêtées, revêtent toujours une forme précise.

Il fait assez bien comprendre ce qu'il pense de la philosophie dans l'hymne qu'il lui consacre. Aux yeux du poëte, c'est surtout une cosmogonie. Il l'entend à la façon de Zénon et de Lucrèce ; il embrasse tout dans son système ; il ne montre pas l'homme, guidé par la philosophie, arrivant par elle à la connaissance de Dieu et de lui-même, étudiant son âme, dirigeant ses passions. Il ne consacre qu'un seul vers à cette idée :

> Elle. . . . .
> Veut, du grand Dieu, la nature épier.

Puis, immédiatement, il ajoute :

> Elle connaît des anges la puissance ;
> La hiérarchie. . . . .
> De ces démons qui habitent les lieux
> De l'air, etc.

S'en tenant encore à l'allégorie, il montre la philosophie :

> Pour mieux se faire avec peine chercher
> S'allant cacher sur le haut d'un rocher.

Ce curieux passage, d'une assez longue étendue,
nous reporte aux siècles antérieurs. On y retrouve
une parenté évidente avec le *Roman de la Rose*,
toute proportion gardée entre les sujets. Faux-
dangier, Bel-accueil, Male-bouche sont remplacés
par Jugement, Raison, Science, Vérité, Travail,
qui assiégent le rocher et ont à lutter :

> Contre Ignorance et contre Volupté,
> Contre Paresse et contre Vanité [1].

Non-seulement Ronsard reproduit les formes du
moyen âge, mais il reste imbu des idées de cette
époque; non-seulement il semble porté à croire
à l'astrologie (erreur commune, comme on le
sait, à tout le seizième siècle), mais aussi à ce
qu'il appelle les démons. Ce ne sont pas, selon lui,

---

[1] On peut voir à la cathédrale de Strasbourg un vitrail qui date
de 1589, et qui a quelque analogie avec la description de Ronsard :
il représente *l'Arx Palladis*, assiégée par Voluptas, Timiditas,
Metus, Arrogantia. L'heureux vainqueur, qui a échappé à leurs em-
bûches, parvient au sommet du temple, où il est couronné de la
main d'un sage.

des agents de la puissance du mal ; des démons
dans le sens où le christianisme prend ce mot ; c'est
plutôt du δαίμων grec qu'il entendrait parler. Ce
sont des follets *participant à toutes les natures.*
L'hymne à Lancelot de Carles en contient une
curieuse description, amplifiée encore par le commentateur Richelet :

« Les démons, dit ce dernier, sont d'un corps
subtil, habiles à se changer en toutes formes, selon
la qualité de l'élément où ils sont et selon leurs
volontés : formes la plupart monstrueuses et im-
parfaites, voire plus tost illusions, lesquelles nous
épouvantent… Ils se nourrissent les uns de vapeurs,
les autres du sang des sacrifices, et tiennent de
l'humain et du divin, comme natures moyennes,
capables de bien et de mal, selon leur inclination ;
ils habitent en divers lieux, en l'air, ès eaux, sur
la terre et dans la terre… Entre les démons, les
souterrains sont les plus grossiers et les plus mé-
chants, mais les moins changeants de forme. Les
aériens sont meilleurs, mais aussi plus muables, »

On va voir, par le passage suivant, que Ronsard distingue ces *démons* du *Démon*, puisqu'il en suppose quelques-uns capables de bien :

Or, deux extrémités ne sont pas sans milieu ;
Les deux extrémités sont les hommes et Dieu,

Dieu, qui est tout puissant, de nature immortelle,
Les hommes impuissants, de nature mortelle,
Des hommes et de Dieu les démons aérins
Sont communs en nature, habitant les confins
De la terre et du ciel, et dans l'air se délectent
Et sont bons ou mauvais, tout ainsi qu'ils s'affectent.
Les bons viennent de l'air jusques en ces bas lieux,
Pour nous faire sçavoir la volonté des Dieux,
Puis remportent à Dieu nos faicts et nos prières
Et détachent du corps nos âmes prisonnières.

. . . .

Les mauvais, au contraire, apportent sur la terre
Pestes, fièvres, langueurs, orages et tonnerre ;
Ils font du bruit en l'air, pour nous épouvanter, etc.

Ces démons prennent divers noms : Incubes, Larves, Lares, Lémures, Pénates et Succubes.

Presque toute cette longue pièce n'est qu'un extrait, un abrégé confus de toutes les opinions des philosophes et des Pères de l'Église sur ce sujet délicat. Platon y est cité à côté de saint Grégoire de Nazianze, Psellus à côté de saint Augustin. Il n'y faut donc voir que l'œuvre d'un homme qui a lu attentivement les mystiques platoniciens et les philosophes chrétiens, mais qui n'a, par lui-même, aucune idée propre, et se contente de résumer les opinions d'autrui sur ces questions intéressantes, mais passablement obscures.

En somme, Ronsard n'a ni en théodicée, ni en psychologie d'idées originales ; il est de son temps :

chrétien d'éducation, païen d'esprit, doué de trop d'imagination et de trop de sensibilité pour être capable d'aborder bien sérieusement des problèmes comme ceux de la plus haute philosophie.

Quant à sa morale, il faut, avant de l'étudier, distinguer deux phases dans la vie de Ronsard.

La première, c'est celle de sa jeunesse et de son âge mur; c'est celle où il est à la cour, l'enfant chéri de la fortune. Tout lui sourit; pas de fêtes sans lui ; pas une *mascarade* dont il ne soit l'auteur. Sa morale est alors à peu près la morale épicurienne d'Horace (*quid sit futurum cras fuge quærere*), et sans cesse voyant la mort qui s'avance et le guette, il répète à ses maîtresses successives le même conseil qui peut se résumer ainsi : « Profitons du temps qui nous échappe. »

Mais si Ronsard s'abandonne à l'ivresse du plaisir, s'il en goûte tous les transports, il ne comprend pas qu'on amasse et qu'on thésaurise ici-bas. Pourquoi, demande-t-il aux courtisans avides :

> Allez-vous mendier des princes et des roys
> Une faible et mondaine et chétive largesse,
> Afin d'amonceler une brève richesse,
> Et ne voyez la mort qui talonne vos pas?
> O pauvres abusez, hé! ne savez-vous pas
> Que vous êtes mortels et que la Parque sage
> Vous a de peu de jours marqué votre voyage?

Sa devise, c'est le *Nil mirari* de l'antiquité, qu'il paraphrase ainsi, dans un sonnet au prince de Condé :

> Prince du sang royal, je suis d'une nature
> Constante, opiniastre et qui n'admire rien :
> Je vois passer le mal, je vois passer le bien
> Sans me donner soucy d'une telle aventure, etc.

Je me trompe, lorsque je dis que Ronsard est épicurien à la façon d'Horace, ou, au moins, cette assertion a besoin d'être restreinte. Le gentilhomme et le fils de l'affranchi sont d'accord sur la nécessité de jouir de la vie, ils diffèrent d'opinion sur l'usage qu'il en faut faire. L'*aurea mediocritas* du poëte de Tibur ; son existence non-seulement calme, mais modeste, ne pourraient convenir à Ronsard. Dans la première période de sa vie, son milieu véritable c'est la cour ; il lui faut, pour oublier son invincible tristesse, les fêtes du Louvre et des Tuileries, ainsi que les tournois élégants, ces derniers restes de la chevalerie qui commencent à disparaître ; il lui faut les chasses des forêts royales ; il a besoin de tout le luxe et de toute la gaieté de la cour la plus libre et la plus élégante qui fût jamais. Il n'y aurait rien de plus faux que de s'imaginer le poëte du seizième siècle comme un être à part, un penseur profond, plongé dans ses méditations et ses rêveries. Il participe à toutes les fêtes ; il est l'ornement de la cour, appartient à la maison du roi qu'il amuse *les jours de pluie*, et qui lui commande des vers à sa fantaisie, tout en lui laissant, d'ailleurs, jusqu'à un certain point, son libre arbitre. Voilà ce que fut Ronsard dans sa jeunesse et dans son âge mûr.

Puis il devient vieux, et alors une réaction s'opère dans ses idées : de la morale épicurienne, il revient à la morale chrétienne, qu'il n'avait jamais totalement oubliée, au fond, mais qu'il avait fort négligée. On se rappelle que, dans ses dernières années, la vie de Ronsard fut exemplaire. A sa mort, il fit venir devant lui tous ses religieux et s'accusa hautement, en leur présence, d'avoir trop aimé le monde. Depuis quelque temps déjà, il avait compris le vide d'une existence tout extérieure et s'était sincèrement rapproché de Dieu. Il est, toutefois, assez curieux qu'on ne trouve pas, dans toutes ses œuvres, la trace de ce repentir, et qu'il attende le moment même de sa mort pour faire l'aveu des fautes qu'il a commises pendant sa longue carrière.

Ronsard songe alors fréquemment à la mort, mais sans une bien grande émotion, il la considère en chrétien, comme un simple passage du temps à l'éternité. C'est ce qui fait le grand caractère de cet hymne que Chastelard, gentilhomme de la reine

d'Écosse, récitait par cœur en marchant au sup-
plice. Au milieu d'interminables longueurs et de
souvenirs inutiles de l'antiquité, on y rencontre de
magnifiques passages, empreints d'une foi sincère :

Où est l'homme, çà-bas, s'il n'est bien misérable,
Et lourd d'entendement, qui ne veuille être hors
De l'humaine prison de ce terrestre corps ;
Ainsi qu'un prisonnier qui, jour et nuit, endure
Les manicles aux mains, aux pieds la chaîne dure,
Se doit bien réjouir à l'heure qu'il se voit
Délivré de prison, ainsi l'homme se doit
Réjouir grandement, quand la mort lui délie
Les liens qui serroient sa misérable vie.

. . . .

Pour ce, l'homme est bien sot, ainçois bien malheureux,
Qui a peur de mourir, et mesmement à l'heure
Qu'il ne peut résister, que soudain il ne meure.
Se mocqueroit-on pas de quelque combattant
Qui, dans le camp entré, s'iroit épouvantant,
Ayant sans coup ruer, le cœur plus froid que glace,
Voyant tant seulement de l'ennemi la face ?
Puisqu'il faut, au marchand, sur la mer voyager,
Est-ce pas le meilleur, sans suivre le danger,
Retourner en sa terre et revoir son rivage ?
Puisqu'on est résolu d'accomplir un voyage,
Est-ce pas le meilleur de bientôt mettre fin,
Pour regaigner l'hostel, aux rigueurs du chemin ?

. . . .

Tu me diras encor que tu trembles de crainte
D'un batelier Charon, qui passe par-contrainte

Les âmes outre l'eau d'un torrent effrayant
Et que tu crains le chien à trois voix aboyant,

. . . .

Et tout cela qu'ont feint les poëtes là-bas
Nous attendre aux enfers après notre trépas;
Quiconque dit ceci, pour Dieu, qu'il se souvienne
Que son âme n'est pas païenne, mais chrétienne,
Et que notre grand Maistre, en la croix étendu,
Et mourant, de la mort l'aiguillon a perdu,
Et d'elle maintenant n'a fait qu'un beau passage
A retourner au ciel, pour nous donner courage
De porter notre croix, fardeau léger et doux,
Et de mourir pour lui, comme il est mort pour nous.

Voilà certainement un admirable langage, et cette dernière partie de la pièce a je ne sais quelle mâle fermeté qui reporte involontairement notre pensée vers Corneille. Des vers de cette nature font pardonner bien des sonnets vulgaires, bien des églogues de mauvais goût. Ce sont ceux que tous les lecteurs retiennent le plus facilement, et qui ont fait le plus pour la gloire du poëte.

La gloire! J'ai nommé là la grande passion de Ronsard, la seule à laquelle il ait été fidèle durant toute sa vie. Son ambition, c'était de devenir un grand poëte, de pouvoir se survivre à soi-même et de braver ainsi cette mort qu'il a toujours présente à l'esprit. Tout jeune encore, quand il adressait à Cassandre ses sonnets enflammés, le désir de la gloire s'y faisait sentir à chaque instant, et ces mots qu'il prête à sa maîtresse :

> Avant le soir finira ta journée,
> . . . .
> Tu seras fait du vulgaire la fable, etc.

le jetaient dans une indicible tristesse. Lorsqu'il était étendu sur son lit de mort, aux portes mêmes de l'Éternité, la même pensée lui revenait encore, et il s'écriait, avec la satisfaction du travailleur qui a accompli sa tâche :

> J'ai vescu ; j'ai rendu mon nom assez insigne ;

tant l'amour de la gloire était enraciné dans son cœur.

On peut, sans exagération, aller jusqu'à dire que Ronsard, bien différent de certains autres poëtes, n'écrivait qu'en vue de la gloire. C'était moins pour obéir à une irrésistible impulsion de son génie que pour rendre son nom illustre qu'il entreprit la *Franciade*. S'il chantait ses amours, c'était parce que Pétrarque, Jean Second et Marulle en avaient fait autant. Adressait-il à ses amis des hymnes ou d'autres pièces, c'était afin de les faire participer à cette gloire, à l'immortalité qui lui était réservée. Il en avait le culte au même degré que Cicéron, et toute sa philosophie pourrait se résumer dans ce vers :

Vaincre la faux du Temps, la Parque et le Destin.

TROISIÈME PARTIE

RONSARD ET VICTOR HUGO

PRÉAMBULE

Je me suis quelquefois demandé si Ronsard, revenant aujourd'hui parmi nous, reprenait l'histoire de notre poésie au point où il l'avait laissée, et étudiait nos plus grands poëtes, quel serait celui auquel il donnerait la préférence ?

Racine, je crois, lui plairait peu. Sa grâce élégante, son vers facile, naturel et coulant, paraitraient de la faiblesse au géant du seizième siècle.

Corneille trouverait peut-être grâce devant lui, j'allais dire par ses mauvais côtés, ce serait peut-être aller trop loin : mais certainement l'imitation espagnole, le style parfois ampoulé, la grandeur un peu ambitieuse du génie de Corneille ne lui déplairaient pas. Voltaire le laisserait indifférent ; il ne comprendrait guère son esprit ; il serait choqué de ses idées morales et religieuses et n'admettrait point ses théories littéraires. Mais, en arrivant à notre temps, s'il ouvrait les *Chants du crépuscule*, ou la *Légende des siècles*, il me semble que son visage s'illuminerait, qu'il s'écrierait avec transport qu'il a enfin trouvé son continuateur véritable, et peut-être, pour employer son langage, consentirait-il à céder sa place d'*Apollon du Parnasse françois* à un poëte aussi *grandiloque*.

Ordinairement, lorsqu'il s'agit d'établir à grands traits des rapprochements de cette sorte, le sentiment public est assez bon juge. C'est une idée si généralement reçue qu'il y a entre Ronsard et Victor Hugo de grandes analogies que l'on peut, de prime abord, s'en fier à l'impression commune[1].

---

[1] M. Prosper Blanchemain a ainsi indiqué ce parallèle, dans l'étude sur Ronsard, qu'il a placée à la fin de son édition elzévirienne : « L'un et l'autre furent poëtes dès l'enfance : l'un et l'autre commencèrent par publier des odes ; l'un et l'autre atteignirent du premier coup l'apogée de la gloire. Ils furent tous deux des novateurs ; tous deux des chefs d'école, et virent des planètes brillantes graviter autour de leur soleil. Le style de l'un, comme celui de l'autre, a ses nuages, mais entre lesquels on aperçoit le ciel ; mais au milieu desquels éclate, par intervalles, un vers éblouissant comme la foudre dans la tempête. Dans ses dernières œuvres, le poëte moderne se rapproche encore plus de l'ancien par la formation des mots hybrides et compliqués : richesse douteuse, que le chantre des derniers Valois, ces trois rois frères, ne put léguer à

C'est avec une grande prudence que nous voulons aborder cette partie, la plus intéressante peut-être de toute cette étude. Le parallèle est, en effet, un des genres les plus délicats et les plus difficiles à saisir ; il est bien évident que tout y est relatif, et qu'un rapprochement absolu entre deux hommes n'est pas plus possible qu'il ne l'est entre deux époques. Tout ce que peut remarquer un observateur attentif, ce sont des ressemblances générales, des traits communs ; une même tournure d'idées, la même conception du bien, du beau, une même communauté de vues sur l'idéal, certaines analogies dans les situations et dans les esprits, qui font que des hommes placés dans des milieux et dans des temps complétement différents, n'ayant entre eux aucuns rapports apparents, éprouveront cependant des sentiments, sinon semblables, au moins comparables, et que leurs œuvres offriront je ne sais quelle même empreinte et quel caractère de parenté.

la langue française, et que le chantre des derniers Bourbons, ces trois frères aussi, ne réussira pas à lui donner. »

Il faut, il me semble, avoir eu, avec les auteurs du seizième siècle, un commerce bien intime pour imaginer ce rapprochement entre les deux poëtes, chantant également les trois derniers rejetons de nos races royales. Il y a trop d'autres côtés de ressemblance sérieuse, pour que nous nous arrêtions longtemps devant des similitudes puériles.

Mettre en présence Ronsard et Victor Hugo ; étudier le génie propre à chacun de ces deux novateurs du seizième et du dix-neuvième siècles ; montrer les points dont ils partent, les moyens qu'ils emploient, le but qu'ils atteignent, ne nous semble pas un travail stérile ni dépourvu d'intérêt : c'est à ce parallèle que nous consacrerons cette troisième partie.

CHAPITRE X

Ce n'est pas, sachons-le, dans la similitude de leurs théories qu'il faut chercher un point de contact entre Ronsard et Victor Hugo; leurs systèmes sont absolument opposés : l'un est un classique passionné, l'autre un novateur dans toute la force du terme; mais il nous paraît suffisant, pour établir un rapport entre eux, que chacun de ces poëtes ne se soit pas contenté de livrer au public ses œuvres telles quelles, et qu'il se soit cru obligé de les accompagner d'explications, de notes, de préfaces indiquant leur but et motivant leurs innovations.

Victor Hugo, je le sais, dirait que rien n'est plus faux que de lui attribuer des théories; qu'il les a, au contraire, en horreur; car, réfutant le reproche que lui adresse un critique allemand, de faire une poétique pour sa poésie, il répond : « qu'il a eu

plus l'intention de défaire que de faire des poétiques ; il n'a ni le talent ni la prétention d'établir
des systèmes ; il a seulement plaidé la liberté de
l'art contre le despotisme des codes et des règles ;
il a l'habitude de suivre, à tout hasard, ce qu'il
prend pour son inspiration, et de changer de moule
autant que de composition ; le dogmatisme est ce
qu'il fuit avant tout, etc. [1]. »

J'avoue que ces hésitations, ces réticences m'é-
tonnent de la part d'un homme aussi hardi que
Victor Hugo. Quand on vient se poser d'une manière aussi tranchée, quand on rompt ouvertement avec le passé, pourquoi n'avoir pas jusqu'au bout le courage de son opinion et ne pas dire
la vérité telle qu'elle est? N'y a-t-il pas contradic-
tion flagrante entre le passage qu'on vient de lire
et celui-ci, placé dix pages auparavant : « Disons-
le donc hardiment, le temps en est venu, et il serait étrange qu'à cette époque, la liberté comme la
lumière pénétrât partout, excepté dans ce qu'il y a
de plus nativement libre au monde, la pensée ; je-
tons bas les vieux plâtrages : il n'y a ni règles ni
modèles. »

C'est là, je le veux bien, un précepte négatif ;
mais avouons que voilà déjà, en un seul mot, tout

[1] Préface de Cromwel.

un système : on va voir, du reste, qu'à côté de cette partie négative, il y en a une autre parfaitement positive, qu'à la place de l'édifice renversé, un autre est immédiatement reconstruit.

Il y a, dit le poëte dans la préface de *Cromwell*, trois âges dans le monde : les temps primitifs, les temps anciens, les temps modernes. Aux temps primitifs, quand l'homme s'éveille avec le monde qui vient de naître, il chante ce qu'il voit, ce qui l'entoure ; l'ode est sa poésie. Dans les temps anciens, tout s'arrête et se fixe : la religion prend une forme ; le dogme vient encadrer le culte ; la société est théocratique ; les sociétés, trop heurtées, se gênent et se froissent ; de là, les guerres et les voyages. La poésie reflète ces grands événements ; des idées, elle passe aux choses ; elle enfante Homère ; la tragédie antique, elle-même, est épique. Ce que chantaient les rhapsodes, les acteurs le déclament.

Avec le christianisme, une autre ère commence pour la poésie.

L'homme croit qu'il y a deux vies : la religion lui montre la *duplicité* de son être : il voit qu'il est le point d'intersection, l'anneau commun de deux chaînes d'êtres, la première, partant de la pierre pour arriver à l'homme ; la seconde, partant de l'homme pour arriver à Dieu. D'autre part, bouleversement général de la société, invasion des Barbares, ruines de l'ancienne Europe et commencement de l'époque du moyen âge, où, à côté du type du beau idéal, qui représente la partie noble, spirituelle, l'âme de l'homme, en un mot, on voit se former ce que Victor Hugo appelle le *grotesque*, qui n'est que l'expression de la partie basse, matérielle et animale de notre nature. Cette troisième période est celle de l'humanité, arrivant à ses proportions vraies.

Ces trois époques correspondent à l'ode, à l'épopée, au drame : les personnages de la première sont des colosses ; ceux de la seconde, des géants ; ceux de la troisième, des hommes.

Le drame est essentiellement lyrique ; la poésie lyrique ne le gêne jamais. Elle se plie à tous ses caprices : tantôt sublime, tantôt burlesque. Le drame est donc l'alliance du beau et du laid, la représentation de cette lutte perpétuelle, qui s'établit chez l'homme entre deux éléments d'ordres divers. Ce système produit, dans les œuvres de Victor Hugo, la confusion des genres ; le drame y devient lyrique ; l'ode y est souvent dramatique.

Assurément, il est étrange de dire que l'on a horreur des systèmes, quand on vient soi-même en construire un semblable à celui que nous venons d'analyser en l'abrégeant. Cette théorie a soulevé autour d'elle trop de passions ; elle a déchaîné trop de colères et provoqué trop d'admiration pour que nous en voulions faire ici la critique. Nous nous contentons de l'exposer, pour pouvoir, en connaissance de cause, comparer ces idées à celles de Ronsard.

L'exposition des idées littéraires de Ronsard, ses vues sur l'imitation des anciens, sur le poëme épique, sur les conditions des beautés de la poésie, sont renfermées dans la préface de ses *Odes*, dans celle de la *Franciade* et dans son *Art poétique*.

Il est inutile de dire que le côté dramatique de la poésie lui a complétement échappé : il ne s'est occupé de cette lutte active entre nos deux natures, de ce *dualisme*, qui amène un conflit perpétuel, que comme peuvent le faire tous les poëtes, en lui consacrant de temps en temps un vers dans un accès de tristesse.

Le but unique de sa théorie, c'est l'imitation des anciens ; c'est l'abandon des coutumes des *poëtas-tres*, et l'introduction dans notre langue des beautés littéraires de la Grèce ou de Rome. La vérité, ce que les modernes appellent la *couleur locale*, l'étude du temps où l'on vit, du milieu où se passent les scènes que l'on veut peindre, ne lui importent en rien. Ce qui le préoccupe le plus, c'est la forme antique, le côté extérieur des beautés classiques ;

que l'on en juge par ce curieux morceau, extrait de la préface de la *Franciade* :

« Or, imitant ces deux lumières de poésie (Homère et Virgile), fondé et appuyé sur nos vieilles annales, j'ay basty ma *Franciade*, sans me soucier si cela est vray ou non, ou si nos roys sont Troyens ou Germains, Scythes ou Arabes, si Francus est venu en France ou non (car, il pouvoit y venir): me servant du possible, et non de la vérité. C'est le fait d'un historiographe d'esplucher toutes ces considérations et non des poëtes, qui ne cherchent que le possible, puis d'une petite scintille, font naître un grand brasier, et d'une petite cassine, font un magnifique palais, qu'ils enrichissent par le dehors de marbre, jaspe, porphyre, etc..... selon que les poëtes ont un bon esprit naturel et bien versé en toute science de leur mestier. »

Pour Ronsard, la poésie descriptive a la plus grande importance, et doit jouer un grand rôle dans un poëme : « Tu n'oublieras pas, dit-il, la piste et battement de pieds des chevaux. » Il devait, jalousie de métier à part, tenir en haute estime le célèbre passage où du Bartas décrit le galop d'un cheval qui :

Le champ plat, bat, abat, détrappe, grappe, attrape
Le vent qui va devant.

Voici, plus loin, un autre passage où Ronsard prétend donner les règles absolues du beau, en poésie ; nous devons nécessairement le citer tout entier : « Veux-tu sçavoir, lecteur, quand les vers sont bons et dignes de la réputation d'un excellent ouvrier ? Suy le conseil d'Horace : il faut que tu les démembres et désassembles de leur nombre, mesure et pied, que tu les transportes, faisant les derniers mots les premiers et ceux du milieu les derniers ; si tu trouves, après tel désassemblement de la ruine du bastiment, de belles et excellentes paroles et phrases non vulgaires, qui te contraignent d'enlever ton esprit outre le parler commun, pense que tels vers sont bons et dignes d'un excellent ouvrier.

« Exemple de mauvais vers :

> Madame, en bonne foy, je vous donne mon cœur ;
> N'usez point envers moy, s'il vous plaist de rigueur.

« Efface *cœur* et *rigueur*, tu ne trouveras un seul mot qui ne soit vulgaire et trivial : ou si tu lis ceux-cy :

> Son harnois il endosse, et furieux, aux armes,
> Pourfendit par le fer un scadron de gens d'armes,

tu trouveras au démembrement et desliaison de ces

carmes, qui servent d'exemple pour les autres, toutes belles et magnifiques paroles. »

L'*Art poétique* de Ronsard ne contient aucune théorie dans le vrai sens du mot. Il se contente d'y reproduire les principes d'Aristote et d'Horace; il recommande d'invoquer la Divinité au commencement du poëme épique, et propose en tout les anciens comme modèles. Quant à ses idées sur l'invention, la disposition, l'élocution, je n'en conteste pas la justesse ; mais je doute qu'elles soient d'un grand secours pour les novices en poésie.

Citons-en quelques fragments :

« Pour ce qu'auparavant j'ay parlé de l'invention, il me semble estre bien à propos de t'en redire un mot. L'invention n'est autre chose que le bon naturel d'une imagination, concevant les idées et les formes de toutes choses qui se peuvent imaginer, tant célestes que terrestres, animées et inanimées, pour après les représenter, décrire et imiter ; car, tout ainsi que le but de l'orateur est de persuader, ainsi celuy du poëte est d'inventer et représenter les choses qui sont, peuvent estre, ou que les anciens ont estimées véritables..... Quand je te dis que tu inventes choses belles et grandes, je n'entends point toutes fois ces inventions fantastiques et mélancholiques qui ne se rapportent non plus l'une à l'autre que les songes entrecouppez d'un frénétique..... mais tes inventions *desquelles je ne te puis donner règles pour être spirituelles,* seront bien ordonnées et disposées. »

Il eût autant valu dire tout de suite que la meilleure règle à suivre était de composer un chef-d'œuvre.

Remarquons un passage où Ronsard, oubliant son affection pour le style noble, recommande l'usage des mots techniques : « Tu ne rejetteras point les vieux mots de romans, ains tu les choisiras avec meure et prudente élection. Tu pratiqueras bien souvent les artisans de tous métiers, comme de marine, vénerie, fauconnerie et principalement les artisans de feu, comme orfèvres, fondeurs, etc., et de là tireras maintes belles et vives comparaisons. »

Le rapprochement est ici visible avec Victor Hugo qui, lui aussi, a si souvent fait entrer les expressions techniques dans ses vers.

Mais, en somme, leurs théories diffèrent absolument, Ronsard et Victor Hugo partent de deux points diamétralement opposés. L'un se fie à certaines règles avec une foi aveugle : l'autre pose en principe que les règles n'existent pas. L'un a un idéal qu'il s'efforce d'atteindre ; l'autre va jusqu'à nier les conditions du beau et dirait parfois volontiers : le beau, c'est le laid. Nous allons voir pour-

tant que Ronsard et Victor Hugo se sont plusieurs
fois rencontrés en chemin, et que, si leurs principes diffèrent, leurs génies et leurs manières
d'écrire offrent souvent des analogies assez frap-
pantes.

CHAPITRE XI

DU LYRISME DE RONSARD ET DE VICTOR HUGO

Il y a, en poésie, deux sortes de lyrisme : le premier est un lyrisme réel, tout d'inspiration, auquel le poëte demande ses plus hautes et ses plus belles pensées. Il est l'éloquente expression de tout sentiment élevé et vivement ressenti ; son caractère essentiel, c'est le naturel. Sapho, par exemple, écrivant ses odes enflammées, obéissait à ce lyrisme : elle chantait parce qu'elle avait besoin de chanter. Lamartine et Musset, chez les modernes, sont ceux qui l'ont le mieux connu.

Lorsque je lis, par exemple, le *Crucifix*, de Lamartine, dès ce magnifique début :

> Toi, que j'ai recueilli sur sa bouche expirante,
> Avec son dernier souffle et son dernier adieu,

je suis frappé, étonné ; je ne pense plus ni au poëte

ni à moi-même ; je me sens absorbé tout entier par une grande douleur ; je me sens transporté devant ce lit de mort ; j'assiste à une scène déchirante, et ce n'est qu'à la fin de la pièce que je peux reprendre ma liberté de penser. L'impression du poëte est si forte que, comme un courant électrique, elle passe, dès le premier mot, chez le lecteur ; celui-ci semble ne faire plus qu'un avec l'écrivain, et, dans son émotion, il oublie complétement la forme des vers, la beauté des strophes, pour se mieux livrer aux sentiments qu'elles expriment.

Le second genre est, pour ainsi dire, artificiel et tout entier de convention : ce n'est plus de la poésie intime ; on sent, du moins, que lorsqu'elle prétend l'être, l'affectation y domine. Le poëte se propose de chanter un sujet que, par un effort de sa volonté, il rendra lyrique. Sa verve peut s'échauffer en le chantant ; mais il est maître de son choix ; l'art entre pour une part très-grande dans ce lyrisme, tandis qu'il devait être totalement absent du premier.

Victor Hugo et Ronsard sont des poëtes lyriques de la seconde de ces deux catégories. Jamais un sujet ne s'impose à eux avec une violence telle, une force de conception si grande qu'ils soient obligés de le chanter, abstraction faite de leur volonté propre. Ronsard, avant de composer une ode, envi-

sage son sujet sous toutes ses faces et, en quelque
sorte, le *pindarise*. Chez lui, même dans les moments les meilleurs, on sent toujours l'artiste qui
prend soin de son œuvre et cherche à en tirer tout
le parti possible ; son lyrisme est avant tout une
œuvre d'imitation : en écrivant ses odes et ses
hymnes, il poursuit un double but que jamais l'inspiration ne lui fait perdre ; il veut faire goûter
Pindare et introduire son genre dans la littérature française. Ses odes ne sont que le développement
d'une théorie, une preuve à l'appui de son système,
un corollaire de ses idées préconçues ; son désir,
c'est de « *redorer le langage françois,* » de le faire
remonter à ce qu'il croit être sa véritable source :
la *Muse Grégeoise*. Pour cela, après avoir énoncé en
prose ses vues générales, il donne en vers des
échantillons de la poésie qu'il rêve.

L'ode, chez Victor Hugo, est également une œuvre
d'art. Le poëte ne *pindarise* pas sur tous les sujets,
comme le fait Ronsard ; mais on peut remarquer que
sa préoccupation est constante et qu'il a toujours
un but. Ce qu'il recherche avant tout, c'est de pro-
voquer, par son lyrisme, l'émotion chez son lecteur ;
c'est bien plus à la sensibilité qu'à la raison qu'il
s'adresse : seulement, peu scrupuleux sur la nature
de cette émotion, lorsqu'il ne peut l'obtenir par
le sentiment, il cherche à la faire naître par la

sensation. Pour parvenir à ce résultat, Victor Hugo se sert de deux procédés qu'il juge infaillibles.

Le premier, c'est l'antithèse. Il croit qu'elle doit forcément amener l'émotion à un moment donné ; il est curieux d'examiner ses œuvres à ce point de vue : on pourra voir que presque toutes reposent sur ce principe.

Je sais qu'on peut répondre qu'en littérature tout repose souvent sur une antithèse ou manifeste ou secrète, et que le contraste s'établit en nous-mêmes, parfois à notre insu. On peut dire, par exemple, que la beauté des adieux d'Andromaque et d'Hector consiste surtout dans l'opposition que ménage le poëte entre cet enfant insouciant, jouant avec le casque de son père, et le destin qui attend Hector aux portes Scées. On verra encore une antithèse dans le départ calme et confiant d'Hippolyte et la terrible prière que son père adresse aux dieux. Les rôles de Joas et d'Athalie offrent une perpétuelle antithèse. Dans un genre tout à fait différent, ne pouvons-nous pas remarquer aussi que Bossuet fait reposer sur l'emploi de cette figure plusieurs de ses oraisons funèbres ?

Si Victor Hugo n'a pas naturellement inventé l'antithèse, on ne peut nier que la manière dont il l'emploie ne soit originale ; nul plus que lui n'a multiplié les rapprochements, nul ne les a poussés aussi loin d'une façon aussi brusque, parfois aussi excessive. Peu lui importe la violence du choc qu'il produit, pourvu que, de ce choc, il fasse jaillir une vive étincelle.

L'antithèse, chez lui, est souvent heureuse, et il en sait tirer de beaux effets ; c'est ainsi qu'il nous montre Napoléon à Saint-Hélène.

> Ce que son œil cherchait, dans un passé profond,
> . . . .
> Ce n'était pas Madrid, le Kremlin et le Phare,
> La diane au matin, fredonnant sa fanfare,
> Le bivouac sommeillant dans les feux étoilés,
> Les dragons chevelus, les grenadiers épiques,
> Et les rouges lanciers, fourmillant dans les piques,
> Comme des fleurs de pourpre en l'épaisseur des blés.
>
> Non, ce qui l'occupait, c'est l'ombre blonde et rose
> D'un bel enfant qui dort, la bouche demi-close,
>   Gracieux comme l'Orient,
> Tandis qu'avec amour, sa nourrice enchantée,
> D'une goutte de lait au bout du sein restée
>   Agace l'enfant en riant.

Cette antithèse-là est réellement belle et d'un grand effet ; j'en puis dire autant de celle où il montre le cadavre du même conquérant, rentrant, acclamé, dans Paris, au bruit des canons et des tambours, tandis qu'il est dévoré par le ver du tombeau. Tant qu'elle reste dans ces limites, l'antithèse est non-seulement admissible, mais louable. Malheureusement, chez Victor Hugo, elle dépasse trop souvent le but et tombe dans l'exagération.

C'est ainsi qu'il fait dire à Ruy-Blas :

> Et l'aigle impérial qui, jadis, sous sa loi,
> Couvrait le monde entier de tonnerre et de flamme
> Cuit pauvre oiseau plumé dans leur marmite infâme.

A part la métaphore, qui est d'un goût déplorable, l'antithèse est ici par trop choquante, et le lecteur a peine à supporter de telles images.

Dans le même drame, le héros, amoureux de la reine s'écrie :

> Je suis un ver de terre amoureux d'une étoile.

Dans *Hernani*, il est question de dona Sol, qui reçoit :

> Le jeune amant sans barbe, à la barbe du vieux.

D'autres fois l'antithèse consiste moins dans les expressions que dans les idées et n'en est que plus exagérée. Ainsi, le dernier acte du *Roi s'amuse* est une perpétuelle antithèse entre les types du roi et du bouffon.

Triboulet dira :

> La vengeance d'un fou fait osciller le monde,
> . . . . maintenant, monde, regarde-moi :
> Ceci c'est un bouffon, et ceci, c'est un roi, etc.

L'autre procédé lyrique, dont use et abuse Victor Hugo, consiste dans l'emploi particulier qu'il fait des images ; nul poëte ne les a comprises comme lui.

L'antiquité, les poëtes du dix-septième siècle et la plupart de nos poëtes modernes n'ont jamais considéré l'image que comme un ornement de la pensée, un embellissement qui charme l'esprit et le dispose favorablement à accueillir l'idée, ainsi que l'a dit Lucrèce dans ces vers fameux :

> Nam veluti pueris absinthia tetra medentes
> Cum dare conantur; prius oras pocula circum
> Contingunt mellis dulci flavoque liquore[2], etc.

Chez Homère et chez Virgile, les images sont appliquées aux idées que le poëte veut exprimer ; elles n'ont que la beauté pour but ; on peut à volonté les supprimer, la pensée n'en restera pas moins nette et moins claire. Ces images ont d'ailleurs

---

[1] Lucrèce, livre IV, vers 11 et suiv.

toujours une forme arrêtée et précise ; elles sont généralement tirées du monde matériel. C'est ainsi que Virgile compare Énée, entendant le bruit des flammes qui dévorent Troie, au pasteur placé au haut d'un rocher, et écoutant un tumulte dont la cause lui échappe

In segetem veluti quum flamma furentibus austris, etc.

C'est encore ainsi que Lucrèce représente les hommes portant le flambeau de la vie

. . . . Vitaï lampada tradunt.

Les images de Ronsard, lui-même, sont des images classiques dans toute la force du terme : elles sont ordinairement précises : il parlera de la *robe pourprée* de la rose ; du *vin qui rit dedans l'or ;* de la jeunesse qui a une *verte* nouveauté ; il appellera la lune *l'œil ombreux de la nuit.*

Il ne faut voir là que des comparaisons ordinaires, communes à tous les poëtes.

Mais Victor Hugo établit par ses images une confusion volontaire entre les genres ; il passe, sans transition, du domaine matériel au domaine idéal ; il prétend, au moyen d'épithètes et d'appositions, faire voir l'invisible, toucher l'impalpable, donner un corps à l'immatériel, ou bien, au contraire, idéaliser le réel, donner une âme à la matière, une pensée à l'être inanimé. Le lecteur troublé, déconcerté par ce procédé bizarre, ne sait plus où il en est ; il se demande s'il est en présence de l'image ou de la réalité, il les confond l'une et l'autre. C'est que, dans le fait, l'image et la pensée ne font qu'un. Le poëte pense en images ; il a si bien fondu ensemble l'image et la pensée, que l'une est inséparable de l'autre. Son procédé est, en somme, d'un usage assez simple ; il consiste à donner au monde sensible des épithètes qui s'appliquent au monde moral ; ou bien, au monde moral, des épithètes sensibles. Assez souvent ces images font rêver le lecteur, lui ouvrent de vastes horizons ; mais, souvent aussi, il cherche, sans le trouver, ce que le poëte veut dire. Ainsi, quand Hugo appelle la musique *une lune de l'art*, il est fort difficile de déterminer le sens qu'il donne à ce mot, et je crois que si on lui demandait d'expliquer nettement ce qu'il entend en disant que la *mort est bleue*, il pourrait être embarrassé lui-même. Son style est relativement plus clair, quand il nous montre ses vers sous des formes humaines et qu'il leur prête la vie :

Tout l'invisible essaim de ces démons joyeux
A dû rire aux éclats, quand là, devant mes yeux,

Ils vous ont vus saisir, dans la boîte aux ébauches,
Ces hexamètres nus, boiteux, difformes, gauches,
Les traîner au grand jour, pauvres hiboux fâchés,
Et puis, battant des mains, autour du feu penchés,
De tous ces corps hideux, tirant soudain une âme,
Avec des vers si laids faire une belle flamme.

Voici encore un autre morceau où l'image est, pour ainsi dire, tissée avec la pensée, et qui peut donner une juste idée des procédés de Victor Hugo :

Paris, qui garde sans y croire
Les faisceaux et les encensoirs.
Tous les matins, dresse une gloire,
Éteint un soleil tous les soirs.
Avec l'idée, avec le glaive,
Avec la chose, avec le rêve,
Il refait, recloue et relève
L'échelle de la terre aux cieux.
Frère des Memphis et des Romes,
Il bâtit, au siècle où nous sommes,
Une Babel pour tous les hommes,
Un Panthéon pour tous les dieux.

Il représente ainsi, dans *Ruy-Blas*, don César de Bazan :

Moi qui vais, mendiant l'amour je ne sais où,
A qui, de temps en temps le destin jette un sou ;
Moi, pauvre grelot vide, où manque ce qui sonne...

Dans *Marion Delorme*, il parle de l'âme, qui *lève du doigt* le couvercle de pierre. On le voit, le procédé est toujours le même. Pour amener l'émotion, il a recours à la sensation et il lui fait appel par tous les moyens imaginables.

Ronsard et Victor Hugo ont donc été ainsi amenés, par leurs théories préconçues, à faire plus d'une fois fausse route. L'un, partant d'un principe vrai, l'admiration de l'antiquité, mais disposant d'instruments imparfaits, n'a pu réussir à acclimater définitivement chez nous le lyrisme pindarique, et a, somme toute, échoué dans son entreprise; l'autre a trop souvent recours à des procédés; faisant des sensations un perpétuel usage, il les émousse et, pour les ranimer, est obligé de prodiguer les métaphores les plus heurtées, les images les plus étranges, et finit trop souvent par confiner à l'incompréhensible.

CHAPITRE XII

DES RHYTHMES ET DE LA VERSIFICATION DE RONSARD ET DE VICTOR HUGO

Ce n'est pas assez d'avoir étudié parallèment les tendances lyriques de Ronsard et de Hugo ; un autre lien les unit encore : nous avons à nous occuper, maintenant, de ce qu'on peut appeler le côté technique de leur œuvre, à étudier leur versification, leurs rhythmes, et à montrer l'usage qu'ils font, l'un et l'autre, des comparaisons, ce grand ressort de la poésie lyrique.

Chez l'un, comme chez l'autre, le rhythme, cette loi qui régit les rapports des vers entre eux, a une très-grande importance ; il subit une foule de modifications et tous deux parviennent à en tirer de grands effets. Ce que la poésie du dix-septième siècle, qui voulait, avant tout, s'adresser à l'esprit, à la seule raison, regardait comme un vain ornement et rejetait comme un luxe inutile, la poésie

du seizième siècle comme celle du dix-neuvième
l'estime, au contraire, et le recherche au plus haut
degré, pensant qu'après tout, l'oreille doit, aussi
bien que l'intelligence, avoir sa part de jouissance, et que ce qui charme l'une, ne saurait
avoir d'inconvénient pour l'autre. D'ailleurs, au
seizième siècle, la poésie et la musique vivaient
dans une assez étroite alliance. Ronsard, lui-
même, était passionné pour ce dernier art, et on
sait que la plupart de ses sonnets étaient destinés
à être chantés [1].

Il fallait mesurer la poésie, lui donner des règles
fixes, invariables; c'est ce que tenta Ronsard.
Assurément, il n'a pas le mérite d'avoir inventé le
rhythme de l'ode; et ses divisions générales ne
sont que les reproductions exactes de celles de
Pindare : strophe, antistrophe, épode; mais n'est-ce
pas déjà quelque chose de très-louable d'avoir
tâché d'approprier l'ode au génie de notre langue,
d'avoir su, en empruntant le rhythme grec, con-
server la rime que Baïf avait le tort de vouloir
proscrire, et d'avoir enfin inauguré ces formes
lyriques, qui ont été conservées jusqu'à nos jours.
L'agencement de la strophe, telle que nous la pos-
sédons aujourd'hui, est l'œuvre de Ronsard. Tel est

[1] Voir la thèse de M. Eugène Gandar, déjà citée.

le beau rhythme, si souvent cité, de l'ode en l'honneur des Valois :

> Comme un qui prend une coupe,
> Seul honneur de son trésor,
> Et, de rang, verse à la troupe
> Du vin qui rit dedans l'or.
> Ainsi, versant la rosée
> Dont ma langue est arrousée,
> Sur la race des Valois,
> En son doux nectar j'abbreuve
> Le plus grand roy qui se treuve
> Soit en armes, soit en lois.

Ce rhythme, repris par Malherbe, J.-B. Rousseau, Lefranc de Pompignan, Lebrun, est, à peu de chose près, celui qu'ont employé avec le plus de succès nos lyriques modernes. Aujourd'hui que la poésie se passe de la lyre de Pindare, de la voix de Chérouvrier et du luth de Marie Stuart, il n'est cependant pas sans quelque intérêt d'étudier ces rhythmes, remis en honneur dans notre siècle, et de comparer l'usage qu'en ont fait les poëtes des deux époques.

Tous deux ont certainement, à un très-haut degré, le sentiment rhythmique; leur mesure est toujours nette et accusée : la strophe de dix vers, que nous citions tout à l'heure, a été très-heureusement reprise par Hugo, qui l'a reproduite telle que l'avait employée Ronsard ; il a maintenu seulement la réforme conseillée à Malherbe par Racan, qui consiste à marquer toujours un temps d'arrêt après le septième vers ; mais suivant la pente de sa nature, qui le porte à tout exagérer, il a voulu composer, d'après ce rhythme, une strophe de douze vers, en mettant au milieu trois rimes féminines au lieu de deux, ce qui augmente la difficulté d'une façon sensible. Nous venons de mentionner une strophe entière de ce genre. On ne peut nier que cette adjonction ne produise, à l'occasion, un grand effet ; que l'ensemble n'en devienne plus majestueux, et que ces trois rimes féminines, retombant sur une masculine, ne donnent plus de force à la strophe ; mais aussi, la difficulté vaincue entre dans cette forme pour une part trop grande, et il est quelquefois aisé d'apercevoir l'embarras du poëte pour trouver une nouvelle rime et l'encadrer habilement.

Ronsard et Hugo ont généralement le sentiment musical de la poésie ; ils savent bien approprier leurs strophes et leurs vers aux sujets qu'ils veulent chanter. Ronsard consacre l'ode Pindarique aux grands sujets ; c'est sur ce rhythme qu'il chante la paix conclue entre la France et l'Angleterre, qu'il célèbre les princes ; il adopte l'odelette, le sonnet ou l'élégie pour les sujets amoureux. Veut-il aborder les sujets philosophiques ; célèbre-t-il *la Justice* ou *l'Éternité*? ou sa Muse s'inspire-t-elle des souvenirs du christianisme? il préfère l'alexandrin, ou parfois, mais rarement, le vers décasyllabique, comme dans l'*Hercule chrétien* : Victor Hugo ne consacre la strophe de dix ou douze vers qu'aux matières les plus graves ; il ne s'en sert que quand il prend un ton véritablement lyrique. Il sait d'ailleurs, et c'est là une grande supériorité chez lui, varier la monotonie d'une trop grande régularité, en alternant les strophes, en changeant fréquemment de rhythmes. A la strophe décasyllabique, en succède une autre de quatre ou de six alexandrins, qui revient reposer agréablement l'oreille. Pour les sujets d'un ordre moins élevé, il choisit de préférence les strophes de quatre ou de six vers.

Ronsard a commis une faute notable à l'égard de la prosodie française, quand il a écrit sa *Franciade* en vers de dix pieds. Cette erreur, il le dit lui-même, tient à ce qu'il trouve que « l'alexandrin ressemble trop à de la prose. » L'alexandrin, on le vit par la suite, est au contraire, le vers français par excellence, et toute grande œuvre poétique devra nécessairement revêtir cette forme. Le vers de dix syllabes, avec sa césure au quatrième pied, a quelque chose de léger et de badin, qui ne peut convenir à la haute poésie, tandis que l'alexandrin,

trop souvent monotone, peut-être, reste toujours,
néanmoins, noble et majestueux.

Ronsard, à part cette erreur, a été généralement
bien inspiré : c'est lui qui, au seizième siècle, a fait,
avec Belleau, le meilleur usage de ce rhythme
charmant :

> D'un gosier mache-laurier
>   J'oy crier
> Dans Lycophron ma Cassandre,
> Qui prophétise aux Troyens
>   Les moyens
> De réduire Troie en cendre.

Victor Hugo a imité avec succès ce rhythme, l'un
des plus heureux de notre versification, dans son
agréable pièce intitulée : *Sarah la baigneuse*.

Quoique amoureux de la difficulté vaincue,
Hugo n'a cependant pas voulu se renfermer dans
les règles étroites du sonnet ; sa nature indépendante s'est constamment détournée de ce genre.
Lorsqu'il quitte les hauteurs lyriques, il aime à se
lancer, de temps en temps, dans les tours de force ;
il compose, par exemple, le *Pas d'armes du roi
Jean* ou la *Chasse du Burgrave*. On sent qu'il
aime ces pièces bizarres, où la pensée est complétement étouffée sous la singularité de la forme.
Mais, ce ne sont là que des moments de repos, des

licences que le poëte se donne : la poésie véritable n'a guère à gagner à de semblables jeux d'esprit.

Ronsard, parce qu'il était bon musicien, Victor Hugo, par un instinct naturel, ont, l'un et l'autre compris à merveille la cadence du vers français. L'alexandrin, en particulier, prend chez eux une force, une vigueur toute nouvelle. Malgré leurs idées diamétralement opposées en matière de poésie, puisque l'un rêve une langue poétique séparée de la langue vulgaire, tandis que l'autre veut les fondre toutes deux, ils arrivent à un même résultat, à une magnifique sonorité. C'est que, d'abord, ils soignent beaucoup la rime, qui est toujours, chez eux, fort saillante; c'est, en second lieu, que, par un effet de leur art, ils mettent toujours le mot principal à la fin du vers qui, au moyen de ce procédé, prend une force nouvelle. Écoutez Victor Hugo ; nous pourrions prendre chez lui nos exemples à peu près au hasard :

> Tout en vous partageant l'empire d'*Alexandre*,
> Vous avez peur d'une ombre et peur d'un peu de *cendre;*
> Oh ! vous êtes *petits !...*
>
> . . . .
>
> Hélas ! hélas ! garde ta *tombe*,
> Garde ton rocher *écumant*,
> Où, s'abattant comme la *bombe*,
> Tu vins tomber tiède et *fumant.....*

Il dit, dans *Hernani* :

> Géant, pour piédestal avoir eu l'*Allemagne*,
> Quoi! pour titre César, et pour nom *Charlemagne*,
> Avoir été plus grand qu'Annibal, qu'*Attila*,
> Aussi grand que le monde, et que tout *tienne là!*

Il en est de même dans la plupart des pièces de Ronsard. La strophe que nous avons citée tout à l'heure : *Comme un qui prend une coupe,* en peut servir d'exemple. En voici un autre non moins frappant :

> Il me plaist, Colligny, d'imiter le *tonnerre*
> Qui, devant que ruer sa fureur contre *terre,*
> Gronde premièrement d'un petit bruit dans l'air
> Et reluit dans la nuit avec un peu d'*esclair.*

Doués enfin d'un esprit également fécond, ils excellent dans la comparaison et la comprennent à peu près de même, en ce sens que, tous deux ont une grande tendance à développer leurs idées. Quand un rapport les a saisis, leur imagination aime à en suivre les progrès et à les décrire minutieusement ; ils ne veulent quitter un sujet, qu'après l'avoir envisagé sous toutes ses faces ; on peut dire qu'alors, ils tombent dans la prolixité. Voyez Ronsard énumérer, en employant des termes techniques, mieux placés dans le livre de du Fouilloux que dans un poëme, les talents d'Eurymédon à la chasse, ou vanter l'adresse de Henri II à manier un cheval ; relisez ensuite, chez Hugo, la description fantastique de Sodome et de Gomorrhe, ou celle du combat mystérieux que se livrent les soldats de cuivre et les soldats de pierre, dans l'*Ode à l'Arc de Triomphe*, vous vous convaincrez facilement de la tendance commune à nos deux auteurs vers l'amplification. Cette tendance se retrouve lorsqu'ils font usage de la comparaison ; ils ne nous épargnent aucun détail. Ronsard, par exemple, comparera ainsi Henri II à un marinier :

> Lequel, se souvenant de l'orage dernier,
> Ancré dedans le port, d'œil vigilant, prend garde
> S'il faut rien à sa nef ; maintenant, il regarde
> Si le tillac est bon, si la carène en bas
> Est point entrefendue ; il contemple les mâts,
> Maintenant le timon ; il rhabille les coutes,
> Les carreaux et les ais et les tables dissoutes,
> Et, bien qu'il soit au hâvre, il n'a moins de souci
> De sa nef qu'en tempeste et se rempare ainsi
> Que s'il couroit fortune au milieu de l'orage,
> Et ne se veut fier au tranquille visage
> Du ciel et de la mer, pour se donner à l'eau.
> Que, premier, il n'oit bien calfeutré son vaisseau.

Du reste, il goûte fort cette image ; il y revient encore ailleurs en ces termes :

> Comme un pilote, à son tillac assis,
> Craignant l'écueil, d'un sens froid et rassis,
> Guide sa nef parmi les vagues perses,
> Bien qu'elle soit de cent pièces diverses,
> De voiles, mâts et cordages divers, etc.

Le même goût du développement par la comparaison, se constate à chaque page chez Victor Hugo, dans sa poésie lyrique et même dans sa poésie dramatique. Il fait dire à Ruy-Blas :

> O mon Dieu, voilà donc les choses qui se font !
> Bâtir une machine effroyable, dans l'ombre,
> L'armer hideusement de rouages sans nombre,
> Puis sous la meule, afin de voir comment elle est,
> Jeter une livrée, une chose, un valet,
> Puis la faire mouvoir et, soudain sous la roue,
> Voir sortir des lambeaux teints de sang et de boue,
> Une tête brisée, un cœur tiède et fumant
> Et ne pas frissonner, alors qu'à ce moment
> On reconnaît, malgré le mot dont on le nomme,
> Que ce valet avait l'enveloppe d'un homme.

On peut se rappeler le passage d'*Hernani*, dans lequel le poëte représente les rois de l'Europe, en présence du Pape et de l'Empereur :

> . . . . Se haussant, pour voir, sur la pointe des pieds. »

Il termine ainsi son ode intitulée : *Les deux Iles* :

Telle, quand une bombe ardente et meurtrière
Décrit dans un ciel noir sa courbe incendiaire,
Se balance au-dessus des murs épouvantés,
Puis, comme un vautour chauve, à la serre cruelle,
Qui frappe, en s'abattant, la terre de son aile,
Tombe et fouille à grand bruit le pavé des cités ;

Longtemps, après sa chute, on voit fumer encore
La bouche du mortier, large, noire et sonore
D'où monte, pour tomber, le globe au vol pesant,
Et la place où la bombe, éclatée en mitrailles,
Mourut, en vomissant la mort de ses entrailles,
    Et s'éteignit en embrasant.

A part ces comparaisons à grand effet, savamment étudiées et développées, l'un et l'autre font de la métaphore un fréquent usage. Nous avons montré comment Victor Hugo donne une forme matérielle aux idées abstraites, tandis que Ronsard se sert des images à l'instar des anciens, à la façon classique, comme de purs ornements de style.

Ajoutons seulement que, chez l'un et chez l'autre, c'est bien plus dans les images que dans les mots, dans les idées que dans les expressions, qu'il faut rechercher la cause de ces fautes de goût, qui déparent souvent leurs plus beaux morceaux.

En somme, la Muse de Ronsard n'a pas tant parlé latin que Boileau l'a bien voulu dire, et la langue de Hugo, j'entends dans les belles années de son talent, a plus d'une heureuse rencontre. Que Ronsard

nous parle des *célestes chandelles*, du *soleil per-
ruqué de lumière*, des *scadrons de gens d'armes
pourfendus par le fer ;* que Victor Hugo emploie
des termes techniques comme *Almojarifazgo*, ou
qu'il écrive dans *Ruy-Blas :*

> La maison de la reine ordinaire et civile
> Coûte par an six cent soixante-quatre mille
> Soixante-six ducats.

ce n'est pas là que je les accuserai le plus de manquer de goût. Ronsard n'est assurément pas respon-
sable de l'acception ridicule qu'on donna après lui
à des mots, usités de son temps ; et Hugo a stricte-
ment le droit de faire entrer tout ce qu'il veut dans
un vers. Mais tous deux, trop souvent, ont recours
à des images fausses ou triviales. L'un, par exemple,
dira, en s'adressant à Paris :

> Tu as le dos fendu d'une rivière.
> . . . .
> Ton ventre est plein d'artizans et d'ouvrages.

ou, en parlant à un prince :

> Or, il est temps que ce propos je change,
> Pour reviser au blanc de ta louange,
> Dont en tirant je m'étois escarté ;

ou bien, il montrera le Cyclope amoureux, *versant*

de *l'œil des fontaines amères*. Victor Hugo, lui, parlera *d'un ver de terre amoureux d'une étoile*, et dépeindra la vie comme un *ruisseau de lait coulant sans une goutte amère*. En pareil cas, la patience m'échappe, et je gémis de voir ces deux grands lyriques manquer d'une des qualités françaises par excellence : le goût.

CHAPITRE XIII

Nous devons, maintenant, entrer plus avant dans l'âme des deux poëtes, et sonder, en quelque façon, leur conscience. Leurs qualités et leurs talents ne nous ont révélé, jusqu'ici, que des similitudes. Leurs impressions morales, on va le voir, nous montreront les côtés par lesquels leurs génies diffèrent :

Commençons d'abord par le sentiment le plus important de tous; par celui qui doit agir le plus sur des poëtes lyriques : le sentiment religieux.

Ronsard, je n'hésite pas à le dire, l'a possédé au plus haut degré. Le chantre de Marie, de Cassandre et de Genèvre, le versificateur des mascarades de la cour, l'élégant imitateur d'Anacréon n'a jamais d'accents plus élevés, plus nobles que lorsqu'il aborde de pieux sujets. A peine a-t-il quitté les bosquets de Paphos et d'Amathonte, à peine a-t-il rejeté les ornements de la Muse antique, qu'aussitôt sa pensée s'épure, sa langue devient plus précise et plus ferme, ses idées se condensent, prennent une forme plus fixe et plus nette; il touche, parfois, presque aux hauteurs bibliques. Citons cette éloquente paraphrase du *Te Deum*. Nous voici loin des pâles traductions des Psaumes, par Marot :

O Seigneur-Dieu, nous te louons
Et pour Seigneur nous t'avouons;
Toute la terre te révère,
Et te confesse éternel Père !
Toutes les puissances des cieux,
Tous les archanges glorieux,
Chérubins, séraphins te prient
Et sans cesse, d'une voix crient :
« Le Seigneur des armes est sainct ;
Le Seigneur des armes est craint;
Le ciel et la terre est remplie
Du los de sa gloire accomplie ! »
Les saincts apôtres honorez,
Les martyrs, de blanc décorez,
La troupe de tant de prophètes
Chantent tes louanges parfaites ;
L'Église est partout confessant
Toy, Père grand, Dieu tout puissant,
De qui la majesté immense
N'est que vertu, gloire et puissance ;

> Et toi, Fils de gloire tout plein,
> Vénérable, unique et certain,
> Et le Saint-Esprit qui console
> Les cœurs humains de ta parole.

Il est incontestable que cette pièce, dépourvue, si on veut, d'originalité, puisqu'elle n'est qu'une traduction, n'en a pas moins un tour des plus heureux.

L'*Hercule chrétien*, dédié par Ronsard au cardinal de Châtillon, et envoyé en guise de remerciement aux jeux floraux de Toulouse, est inférieur comme conception. Le parallèle que l'auteur établit entre Hercule et Jésus-Christ est puéril et choque notre goût. Il témoigne cependant d'une grande science religieuse et offre de temps à autre de beaux vers, comme les suivants :

> Doncques de Dieu le nom très-saint et digne,
> Commencera et finira mon hymne ;
> Car c'est le Dieu qui m'a donné l'esprit
> De célébrer son enfant Jésus-Christ.
> Or, puisse donc cette lyre d'ivoire,
> Toujours chanter sa louange et sa gloire,
> Telle qu'elle est, ô Seigneur, désormais,
> Je la consacre à tes pieds pour jamais !

Mais c'est, à mon sens, dans sa lutte avec les calvinistes que Ronsard a atteint les plus hauts sommets du lyrisme religieux; on ne peut lire le *Dis-cours sur les misères de ce temps*, la *Réponse à quelque ministre*, la *Remontrance au peuple de France*, sans être frappé de l'élévation des pensées et de la puissance de l'argumentation.

La noble simplicité de l'expression et l'énergie du sentiment rendent la plupart de ces pièces remarquables. On y sent le souffle d'une âme profondément religieuse, révoltée dans ses convictions les plus intimes; c'est le cri d'une conscience à la fois indignée contre les huguenots et, en même temps, pleine pour eux d'une compassion toute chrétienne.

A côté de la corde élégiaque et amoureuse, Ronsard, donc, a su faire vibrer avec succès la fibre religieuse, et en a tiré un grand parti : on sent que ce n'est pas un sujet banal qu'il chante; sous l'enveloppe du poëte, on retrouve vite le chrétien qui, dans un moment d'ivresse, a pu oublier la morale évangélique et sacrifier par trop souvent aux Grâces, mais qui n'a jamais absolument perdu Dieu de vue, et qui revient sincèrement à lui, une fois l'emportement des sens calmé. Nous pouvons dire qu'il a été religieux avec naturel, qu'il n'a fait que traduire, dans un langage noble et élevé, les aspirations de son propre cœur.

Si, maintenant, nous passons de Ronsard à Victor Hugo, si nous nous demandons à quel point ce dernier a fait preuve de sentiment religieux, nous serons assez embarrassé pour répondre du premier coup. Il sera indispensable d'établir, sur ce point, quelques distinctions préliminaires.

Il n'est pas douteux qu'un écrivain de cette valeur ait dû être frappé de l'importance lyrique de ce sentiment, et que, dans un sens ou dans l'autre, ses œuvres doivent en contenir l'expression.

Mais remarquons que le sentiment religieux est double, ou qu'il peut, du moins, être envisagé sous deux aspects, en lui-même, ou dans ses manifestations ; dans son caractère intime, ou dans ses formes extérieures. Le poëte peut étudier et chanter les rapports secrets qui existent entre l'âme et Dieu ; les épanchements de la créature dans le sein du Créateur, ou seulement les rapports extérieurs, avec le monde, de cette âme agissant en vue de Dieu et pour lui. De là, deux sortes de poésies : l'une dans laquelle a excellé Victor Hugo ; l'autre où il a été moins heureux.

S'agit-il du côté extérieur ou descriptif de la religion ? le talent éminemment coloriste de Victor Hugo le comprend à merveille. Il saura reproduire le ton et les idées de la Bible. Se transportant au moyen âge, il représentera avec une énergie et une force incontestable, le rôle du Pape, *cette moitié de Dieu*, comme il l'appelle pompeusement ; il s'enthousiasmera à la vue de nos cathédrales gothiques, s'identifiera avec elles et en donnera de brillantes descriptions. Bref, il réussira, par un effet de la souplesse de son génie, a produire chez ses lecteurs une sorte de *sensation* religieuse.

Il y a plus; il mettra dans la bouche de certains personnages, de belles prières, de remarquables invocations. Nous en avons un bel exemple dans un morceau de sa première jeunesse : l'*Ode à Louis XVII*, où il s'élève vers le ciel et nous montre la jeune âme arrivant, portée par les anges jusqu'au trône de Dieu.

> Où donc ai-je régné? demandait la jeune ombre.
> Je suis un prisonnier, je ne suis pas un roi.

La pièce intitulée : *Dans l'église de* ***, est empreinte d'une teinte religieuse très-marquée ; l'auteur rend bien compte de l'aspect d'une église, le soir, au moment où l'office vient de finir, où l'odeur de l'encens parfume encore les voûtes :

> Elle était triste et calme, à la chute du jour,
> L'église où nous entrâmes ;
> L'autel, sans serviteurs, comme un cœur sans amour,
> Avait éteint ses flammes.

Le lecteur est pendant tout le temps, sous le

charme indéfinissable d'une sensation religieuse ;
il n'est pas précisément ému et ne prie pas avec le
poëte, mais il se sent transporté dans cette *humble
église*, et disposé à rêver de Dieu et du ciel. Rappe-
lons également une pièce : *A Palestrina*, dans *les
Rayons et les Ombres*, où il décrit les impressions
du grand musicien : il y a parfaitement compris la
religion, telle que l'entendaient le Moyen Age et la
Renaissance.

> Aussi toujours son hymne, en descendant des cieux,
> Pénètre dans l'esprit par le côté pieux,
> Comme un rayon des nuits par un vitrail d'église.
> En écoutant ses chants, que l'âme idéalise,
> Il semble à ces accords qui, jusqu'au cœur touchant,
> Font sourire le juste et songer le méchant,
> Qu'on respire un parfum d'encensoirs et de cierges,
> Et l'on croit voir passer un de ces anges vierges,
> Comme en rêvait Giotto, comme Dante en voyait,
> Êtres sereins, posés sur ce monde inquiet,
> A la prunelle bleue, à la robe d'opale, etc.

Mais quand au second genre de poésie religieuse,
que nous avons indiqué, nous devons dire que le
poëte ne l'a, pour ainsi dire pas connu. Faut-il s'é-
lancer dans ces espaces vagues, infinis, où seule la
foi nous guide ? Faut-il faire abstraction du monde
qui nous entoure ; fermer les yeux devant le spectacle de la nature ; renoncer à tout souvenir hu-

main, afin de nous transporter dans une sphère
idéale; nous placer face à face avec Dieu et méditer, dans le recueillement, sur nos destinées?
Alors la supériorité du poëte disparaît. Comme le
Faust, de Gœthe, entraîné vers *les mères*, dans le
vide absolu, ne trouvant pas même une place sur le
sol pour y poser le pied; il hésite, il chancelle, sa
foi n'est pas tellement vive qu'il puisse supporter la
vue de Dieu sans voiles; il est complétement dé-
passé dans ses sphères, par un poëte moins raffiné,
peut-être, mais d'un souffle plus large et d'une ardeur plus pure : j'ai nommé Lamartine.

Le sentiment religieux que Victor Hugo a pu exploiter comme une richesse poétique, est pour Lamartine un besoin; c'est comme l'air qu'il respire.
Sa théologie peut n'être pas toujours irréprochable,
mais il a besoin du surnaturel; il faut qu'il s'y
plonge pour que sa poésie atteigne son expression
la plus complète.

Même quand la Muse de Victor Hugo touche aux
plus hauts sommets du lyrisme, je sens toujours
le poëte qui s'occupe de lui et de son art, qui
cherche la rime la plus savante et l'effet le plus
saisissant.

Il faut qu'un acteur soit bien habile pour qu'il
parvienne à me faire oublier que les sentiments
qu'il exprime sont feints et qu'il ne ressent aucune

des impressions qu'il reproduit. De même, il faut qu'un poëte semble être sous le coup d'une émotion bien vive, pour qu'il me fasse oublier les procédés et le côté artificiel de son talent. Or, selon moi, Victor Hugo n'atteint pas ce but, lorsqu'il aborde le côté religieux, et je crois que Ronsard, en ce sens, a été plus heureux, parce qu'il a plus vivement senti, parce qu'il a été plus sincère.

CHAPITRE XIV

Suivons nos deux poëtes sur un nouveau terrain : étudions en eux un sentiment d'un ordre moins élevé, sans doute, que le sentiment religieux, mais qui y confine par plus d'un point, et qui est presque aussi intéressant pour la critique : je veux parler du sentiment de la nature.

Combien de poëtes n'y voient qu'une inépuisable matière de descriptions ! une source d'heureux effets ; une série d'ornements toujours commodes à ajouter à leurs vers ! — C'est, au contraire, un sentiment profond, inséparable de toute vraie poésie.

A entendre nos contemporains, il semble qu'il n'y ait qu'eux qui aient compris la nature, et que ce sentiment soit tout à fait moderne ; on dirait que les grands hommes du dix-septième siècle ne l'ont pas connu, et que c'est seulement l'école sentimentale, qui date de Jean-Jacques Rousseau et de Bernardin de Saint-Pierre, qui en a enfin révélé les charmes et fait goûter à l'humanité le calme et les plaisirs purs des champs. Comme il arrive souvent, il y a là une regrettable confusion, un malentendu qui tient à ce que les mots sont mal déterminés.

Distinguons d'abord la sensation et le sentiment de la nature, qui sont loin d'être identiques :

Il n'est pas besoin d'être poëte pour ressentir ce que je nommerai la *sensation de la nature*. Tout homme l'a éprouvée à quelque instant de sa vie ; il ne peut se rencontrer personne qui, à une heure quelconque, n'ait été saisi à la vue des grands spectacles de la nature et n'ait été forcé de s'incliner devant sa majesté ; personne qui ne se soit senti accablé et comme anéanti devant elle. Ce que j'appelle la sensation de la nature, c'est l'impression indescriptible qui s'empare du voyageur s'élevant vers le sommet des montagnes et qui, se voyant perdu, loin de tout être humain, entend le torrent mugir à ses pieds et s'enivre des parfums de la solitude. C'est la terreur religieuse du matelot, que la tempête a surpris en pleine mer ; ou encore sa rêverie silencieuse sur le pont du navire, par une nuit étoilée. La sensation de la nature s'applique aussi à ces mouvements inconscients de l'âme, à ces aspirations confuses qu'elle ressent, à certaines heures du jour ; par exemple, au coucher du soleil, par un beau soir d'été.

Cette sensation est empreinte d'un caractère impersonnel. Je l'ai ressentie ; mais d'autres l'ont ressentie avant moi, d'autres la ressentiront après moi. Toute âme sent la nature, comme tout œil voit la lumière ; les exceptions peuvent exister, mais elles sont rares. L'antiquité s'y entendait aussi bien que nous ? il serait oiseux d'y chercher des exemples de ce fait ; la poésie d'Homère en est pleine[1].

Virgile nous en offrirait des traits non moins nombreux ; il est et il nous place souvent sous le charme de ces impressions, que tout vrai poëte a éprouvées.

Plus relevé, plus délicat, plus *personnel* est le sentiment de la nature. Il faut que la sensation l'ait précédé. Cette sensation première, une fois éprouvée, certaines âmes, d'une nature plus souple et plus tendre, se l'approprient chacune avec des nuances différentes ; elles cherchent à établir entre elles et le monde inanimé je ne sais quel lien mystérieux ; il se forme ainsi, suivant leur état moral, une conception tout à fait individuelle.

[1] Voir M. de Laprade : *Du sentiment de la nature dans la poésie d'Homère.*

Il est donc tout simple qu'on éprouve un charme particulier à étudier, chez les écrivains, le sentiment de la nature. C'est bien moins la nature elle-même qui nous occupe dans une telle étude, que le génie de l'auteur. Virgile a contemplé le même monde qu'Homère, et leurs sentiments, à cet égard, seront cependant fort différents ; de même que Raphaël et Michel-Ange, en présence du même modèle, ne produiront pas la même œuvre.

J'oserai dire, cependant, qu'à tout prendre, c'est un sentiment esthétique d'un ordre secondaire, et que c'est là, sans doute, la cause qui l'a fait négliger au dix-septième siècle.

Je n'en rabaisse point la valeur, et je ne conteste pas qu'il ne puisse, à un moment donné, produire chez un poëte de très-beaux mouvements ; mais, de ces trois termes de toute philosophie et de toute poésie : l'homme, la nature et Dieu, il faut constater que celui du milieu est moins élevé que les deux autres ; qu'il ne doit être admis que comme un intermédiaire entre le premier et le troisième[1].

---

[1] M. Alfred Tonnellé a émis, à ce sujet, des observations remarquables et d'une justesse frappante : « Ce manque de sentiment de la nature, dit-il, tant reproché au dix-septième siècle, est-ce un défaut ? N'est-ce pas plutôt une marque de grandeur, de virilité ? » — Ce ne sont que des intelligences sceptiques ou faibles qui pourront jamais assigner à ce sentiment une importance capitale. Le génie, en pleine possession des lumières de la foi, aime mieux se mouvoir dans les

Ce serait une grande erreur de croire que le dix-septième siècle n'a pas connu l'amour de la nature, parce qu'on n'en voit pas de traces dans toutes les productions de cette grande époque; tous ces hommes éminents l'aimaient; mais ils ont encore mieux aimé l'homme et Dieu. Leurs œuvres, *ne se répandant pas dans la nature*, sont empreintes d'une bien plus haute dignité que celles de la plupart des modernes. Ce caractère en rend la lecture sinon plus difficile, au moins plus grave[1].

Ajoutons qu'au dix-neuvième siècle, on a trop souvent confondu le sentiment de la nature et le

sphères *Humaine* et *Divine;* il s'élève directement jusqu'à Dieu par un effet de sa volonté propre; il n'a que faire du piédestal que lui présente la nature. Il contemple l'univers, mais d'un œil calme et tranquille; il n'y voit qu'une œuvre de Dieu, faite pour célébrer sa gloire. « Ce n'est pas à dire, continue M. Tonnellé, que l'emploi de la nature dans l'art soit illégitime ou défendu; au contraire, les trois mondes sont du domaine de l'art, et peut-être à titre égal; tous les trois doivent lui fournir des éléments de beauté; par conséquent, aussi celui de la nature; en effet, la nature est l'œuvre de Dieu, où l'auteur a empreint son sceau, imprimé des traces de sa beauté, afin que l'y reconnaissant, nous nous élevions à lui; mais il faut en user sévèrement, sobrement, d'une manière mâle et forte, et surtout se garder de prendre la copie pour le modèle; le symbole pour le sens et l'esprit; le faible rayon de beauté créée, pour la source de lumière et le soleil de beauté éternelle. »

[1] « Il faut, dit encore M. Tonnellé, des gens beaucoup plus sérieux pour sentir et goûter la poésie du monde purement humain et divin de Corneille et de Racine, monde toujours rigoureusement spiritualiste, que pour goûter Gœthe et Lamartine, et, à bien plus forte raison, Victor Hugo. »

sentiment de l'infini. On a étendu sur le monde une teinte de tristesse inquiète qui, fréquemment, a dégénéré en un panthéisme vague et indéterminé.

Nos auteurs contemporains, incrédules ou d'une foi chancelante, se voyant en face de l'univers dans sa force et sa puissance, et, pour ainsi dire, écrasés, abîmés sous son immensité, se sont relevés fièrement et ont essayé de lui arracher son secret. L'antiquité remarquant la vie qui circulait partout, l'avait idéalisée et peuplait l'espace de Faunes, de Dryades, de Divinités qui personnifiaient le principe vital. Les modernes ont pris cette vitalité pour la source même de la vie : dans leurs vers, la pierre s'anime, le roc s'émeut, le chêne pense, le gémissement de la brise et le murmure des flots sont des voix qui vous parlent. Lamartine, le plus religieux de tous, n'a pas échappé à cette influence ; il s'écrie, dans un magnifique langage :

> Objets inanimés, avez-vous donc une âme,
> Qui s'attache à la nôtre et la force d'aimer ?

Toute la pièce du *Lac* n'est, en quelque sorte, qu'un superbe développement de cette idée.

Chez le poëte qui nous occupe particulièrement, chez Victor Hugo, il y a quelque chose de plus : il a volontairement confondu ce que j'ai appelé le

sentiment et la sensation de la nature. Les fondant
l'un dans l'autre, par un effort vigoureux, il est
parvenu à un résultat surprenant; nous ne sommes
plus en présence d'un poëte qui peint la nature,
ou qui cherche avec inquiétude l'explication de ses
mystères. On pourrait presque dire qu'il a fait passer dans ses vers la substance même de la nature;
chez lui, nous sommes devant la nature elle-même,
prenant une forme poétique, venant s'encadrer
dans ses vers et se soumettre à ses rimes; le lecteur,
fasciné, se demande si ce sont les vers qui sont vivants, ou la nature qui s'est transformée en poésie[1].

[1] M. Nisard a signalé avec finesse ce côté éminemment original
du génie de Victor Hugo. « Victor Hugo, dit-il, a rendu sa pensée
visible par un talent de description tout nouveau dans notre poésie.
Si tout est chant dans Lamartine, dans celui-ci tout est forme et
couleur : la pensée ne s'y joue pas autour du cœur, elle veut y entrer de force, et il semble qu'elle y entre par les sens. Le monde
moral et le monde physique se confondent; les sentiments sont des
sensations ; les idées ont des contours ; l'abstrait prend un corps
et l'invisible même veut qu'on le voie. Comme Léonard de Vinci,
qui regardait tout pour dessiner, jusqu'aux rides des vieilles mu-
railles, où il trouvait des airs de têtes, des figures étranges, des
confusions de batailles, des habillements capricieux, le poëte coloriste a tout regardé pour tout peindre. Par la puissance du même
don, tout ce qu'il voit le regarde à son tour. Toute chose lui est
comme ces portraits de maîtres qui, dans les Musées semblent suivre
l'œil des visiteurs. Il n'y a pas dans la nature, telle qu'il la sent,
d'objets inanimés; tout a vie et le sait; il n'y a pas d'aspects, mais
des visages. C'est la pensée de Pascal retournée : l'univers connaît
l'homme, et il le sait, s'il l'écrasait, il saurait qu'il l'écrase [1]. »

[1] *Histoire de la littérature française*, t. IV.

Voilà le caractère spécial du sentiment de la nature chez Victor Hugo ; voilà par où il restera toujours original. Cette sorte de panthéisme périlleux pourra choquer ou effrayer bien des gens, mais on y doit voir la marque d'un talent véritable.

Lisez les passages suivants, il vous sera impossible de vous soustraire à l'influence que nous venons de noter :

A ALBERT DURER :

Dans les vieilles forêts où la séve à grands flots
Court du fût noir de l'aune au tronc blanc des bouleaux,
Bien des fois, n'est-ce pas, à travers la clairière,
Pâle, effaré, n'osant regarder en arrière,
Tu t'es hâté, tremblant et d'un pas convulsif,
O mon Maître, Albert Dure, ô vieux peintre pensif !
. . . .
Une forêt, pour toi, c'est un monde hideux ;
Le songe et le réel s'y mêlent tous les deux.
. . . .
O végétation, esprit, matière, force !
Couverte de peau rude ou de vivante écorce !
Au bois, ainsi que toi, je n'ai jamais erré,
Maître, sans qu'en mon cœur l'horreur n'ait pénétré,
Sans voir tressaillir l'herbe et, par le vent bercées,
Pendre à tous les rameaux de confuses pensées.
. . . .
J'ai senti, moi qu'échauffe une secrète flamme,
Comme moi, palpiter et vivre avec une âme,
Et rire et se parler dans l'ombre, à demi-voix,
Les chênes monstrueux, qui remplissent les bois.

Dans la pièce célèbre qu'il a adressée à *une cloche*, le poëte anime aussi l'airain et l'interroge :

> Sens-tu par cet instinct vague et plein de douceur,
> Qui révèle toujours une sœur à sa sœur,
> Qu'à cette heure où s'endort la soirée expirante,
> Une âme est près de toi, non moins que toi vibrante,
> Qui, bien souvent aussi, jette un bruit solennel
> Et se plaint dans l'amour, comme toi dans le ciel?

Enfin, dans une pièce des *Feuilles d'automne*, qui porte pour épigraphe ces mots : Ὅλος νόος, ὅλος φῶς, ὅλος ὀφθαλμός, il s'adresse ainsi aux poëtes en général :

> Cherchez dans la nature, étalée à vos yeux,
> Soit que l'hiver l'attriste où que l'été l'égaye,
> Le mot mystérieux que chaque voix bégaye.
>
> . . . .
>
> C'est Dieu qui remplit tout ; le monde, c'est son temple,
> Œuvre vivante, où tout l'écoute et le contemple :
> Tout lui parle et le chante, etc.

Ce n'est assurément pas ainsi que Ronsard avait compris la nature. Pour moi, cependant, il n'y a nul doute qu'il n'en ait été vivement épris. A considérer l'ensemble de son œuvre, on peut dire qu'il l'a envisagée de deux façons distinctes, et qu'il a exprimé ses sentiments tantôt par l'idylle, tantôt par l'élégie; mais, en somme, ces deux sentiments, chez lui, se confondent, et on peut dire qu'il a compris la nature comme la comprennent les classiques.

Il n'y a qu'à feuilleter ses poésies pour s'en convaincre. Voici un passage qui me paraît concluant à cet égard : c'est un fragment de la fameuse pièce : *A la forest de Gastine :*

> Escoute, buscheron, arreste un peu le bras ;
> Ce ne sont pas des bois que tu jettes à bas,
> Ne vois-tu pas le sang, lequel dégoutte à force,
> Des Nymphes qui vivoient dessous la dure écorce...
> Forest, haute maison des oiseaux bocagers,
> Plus le cerf solitaire et les chevreuls légers
> Ne viendront sous ton ombre et ta verte crinière ;
> Plus du soleil d'été ne rompra la lumière, etc.

Ce passage est assurément éloquent, et il y a un intérêt véritable à le rapprocher du morceau de Victor Hugo, que nous citions tout à l'heure.

Il semble, au premier abord, que l'idée soit la même; il n'est pas jusqu'aux expressions qui ne se ressemblent et qui puissent ainsi faire croire à une similitude générale; regardons cependant de plus près.

Chez Victor Hugo, nous avons devant nous tout un système : ce n'est pas sous l'impression du moment que le poëte écrit, ou, du moins, ses impressions sont précédées et amenées par ses idées ; il croit sentir partout vivre et palpiter la nature ; il entend ses soupirs, il voit le battement de ses veines. Dans la pièce déjà citée, il loue Albert Durer d'avoir subi le même charme que lui, et d'avoir su répandre sur ses toiles la sève cachée qui vivifie le monde.

Dans l'élégie de Ronsard, nous n'avons affaire qu'à un sentiment actuel et passager. On va abattre sa chère forêt de Gastine, ces ombrages qui furent les témoins de son enfance et les confidents de ses rêveries. Ce n'est plus d'un poëme qu'il s'agit, mais d'un plaidoyer ; toutes les raisons seront bonnes pourvu qu'elles touchent le bûcheron cruel et que « *Gastine sainte* » soit épargnée. Le poëte sait bien que ses émotions personnelles seront de peu de poids dans la balance, et par un procédé ingénieux, il essaye d'attendrir ce bûcheron, en le transformant en bourreau, en prêtant pour un instant la vie à ses arbres adorés ; ensuite, son but une fois atteint, il oubliera ses divinités. C'est ainsi que le Tasse a, pour un moment, enchanté une forêt et supposé que les arbres prenaient, aux yeux de Tancrède, les formes d'Armide et de Clorinde.

Nous avons parlé précédemment de la poésie pastorale de Ronsard, nous n'y reviendrons pas : disons seulement qu'on y trouve assez fréquemment des vers empreints d'un sentiment vif et délicat ; des vers, enfin, dans le genre de ceux-ci :

Or sus, asseyez-vous icy ; l'herbe est fleurie ;
Icy la vigne tendre aux ormeaux se marie ;
Icy l'ombrage est frais ; icy naissent les fleurs ;
Icy le rossignol rechante ses douleurs ;
Icy l'onde murmure, et le gentil zéphyre
Au travers de ce bois par les feuilles soupire...

Ronsard a étudié la nature ; il l'a aimée ; il l'a peinte dans ses vers ; mais il n'a pas su toujours suffisamment donner la vie à ses tableaux. Comme le sculpteur qui est capable de représenter l'image de l'homme dans toute sa perfection, mais qui ne peut l'animer, Ronsard n'a pas fait vivre la nature dans ses vers. Ajoutons que, peut-être, s'il l'avait pu, il ne l'eût pas voulu ; le panthéisme aurait répugné à son génie chrétien.

En résumé, il est donc, avec Belleau, le *gentil peintre de la nature*, celui qui, au seizième siècle, aima le mieux la vie des champs ; c'est le poëte le plus rêveur de cette époque passionnée et tumultueuse. Nul ne peut évoquer son

souvenir sans penser immédiatement au Vendômois qu'il a tant aimé, à la forêt de Gastine, à la
fontaine Bellerie, à tous ces lieux qu'il a rendus
célèbres, et dont il nous a laissé des descriptions
si touchantes.

CHAPITRE XV

Le sentiment de la nature est complexe et va-
riable; chaque poëte peut l'éprouver à sa manière;
nous venons de le montrer. En sera-t-il de même
du sentiment national? Telle est la question qu'il
convient de se poser d'abord, et à laquelle on peut
répondre négativement. S'il y a, au monde, un
sentiment qui soit général, dont les manifestations
soient toujours à peu près les mêmes dans tous
les temps et dans tous les pays, c'est assurément
celui-là.

Que Virgile, le chantre national par excellence,
passe en revue avec orgueil, dans le VIe livre de
l'*Enéide*, les grands hommes de sa patrie; qu'il
s'écrie avec enthousiasme, dans les *Géorgiques :*
« Salve magna virum parens »; ou que Kœrner rallie
ses concitoyens pour la lutte suprême contre

l'étranger, la nature de ce sentiment demeure toujours la même ; il est toujours composé des mêmes éléments : l'amour du pays, le désir de voir s'étendre sa puissance, et la haine de l'envahisseur.

Il naît assez tard dans le cœur des peuples. Leurs premières pensées sont plus restreintes. Leur premier instinct, c'est l'amour du foyer dont, au reste, le sentiment national n'est que le développement. Mais pour que ce dernier existe dans toute sa force, il faut nécessairement que la patrie soit formée, unie ; qu'un lien d'intérêts communs rattache les uns aux autres les individus qui la composent, et que le gouvernement qui la représente en soit la personnification réelle et vivante.

Or, au seizième siècle, cet être abstrait que nous nommons la France, est loin d'exister tel que nous le connaissons aujourd'hui, ou, du moins, il n'est encore qu'à l'état de lente et pénible formation. Les vieilles rivalités entre les provinces subsistent dans toute leur force ; les coutumes créent entre elles d'immenses différences ; les dialectes, les patois sont d'un usage à peu près général ; la rareté des communications entre les diverses parties du royaume, rend les rapports très-difficiles, de telle sorte qu'il y a plus d'inégalité entre un Breton et un Gascon, qu'entre un Français du nord et un Flamand. Enfin, le système féodal, quoique très-atténué, est

cependant encore en vigueur, et il exerce, sur la
nature du patriotisme, une puissante influence. Le
vassal n'est pas directement dévoué à la France ; il
l'est à un seigneur qui, lui-même, relève d'un plus
puissant que lui, et ainsi de suite, jusqu'au roi, de
façon que, fatalement, la personne morale de la
France s'efface devant les individualités.

Ce n'est pas dans le domaine politique qu'on
doit chercher alors un lien entre les diverses con-
trées de la France, mais bien dans le domaine religieux. Qu'un traité malheureux vienne humilier
la nation et lui ravir quelque province, nous ne la
sentirons pas frémir ; la masse du pays restera assez
indifférente. La guerre a d'ailleurs perdu beaucoup
de son caractère sauvage, et l'on s'est habitué à la
regarder, ainsi que ses conséquences, comme une
chose ordinaire. Grâce à l'organisation militaire et
au nombre relativement restreint des combattants,
une guerre n'est pas une question capitale pour les
citoyens ; elle n'entraîne que des désastres locaux :
c'est la noblesse qui en fait les principaux frais ;
c'est elle qui en tire les plus grands honneurs.
Mais l'hérésie vient-elle à se glisser dans le pays ? la
foi antique est-elle ébranlée ? immédiatement le
peuple sort de son apathie et se soulève ; un même
cri s'échappe de toutes les poitrines ; un courant
électrique s'établit entre les points les plus opposés ;

une guerre civile s'allume, et, en face des Huguenots, la Ligue est formée.

Je suis loin de dire qu'il n'y eut aucun patriotisme au seizième siècle, j'indique seulement qu'il
n'était pas tout à fait alors ce qu'il est aujourd'hui,
et qu'il ne pouvait pas l'être, si l'on considère l'état
du pays. Il était plus restreint ; on était plus attaché qu'aujourd'hui à sa province, et l'amour qu'on
éprouvait pour la France, se confondait avec l'amour
qu'on portait au monarque.

La physionomie du *gentilhomme Vendômois* présente au plus haut point l'expression de ce type
que je viens d'esquisser. Pour Ronsard, poëte de la
cour, élevé, pour ainsi dire dans son sein, le roi et
la France ne font qu'un ; l'un est la vivante image
de l'autre, que le roi s'appelle Henri, Charles ou
François. Il est toujours à leurs ordres : il chantera
sous leur inspiration ; il leur dédicra ses poëmes ;
il dira à Henri II :

> Comme on voit la navire attendre bien souvent,
> Au premier front du port, la conduite du vent...
> Ainsi prince, je suis sans bouger attendant
> Que ta fureur royale aille, un jour, commandant
> A ma nef d'entreprendre un chemin honorable,
> Du costé que le vent luy sera favorable.

Il dira en parlant de la *Franciade* :

·Tu n'as, Ronsard, composé cet ouvrage ;
Il est forgé d'une royale main ;
Charles sçavant, victorieux et sage
En est l'autheur ; tu n'es que l'escrivain.

On sent, en lisant ses œuvres, que nous ne
sommes pas encore loin de l'époque où un poëte
devait nécessairement faire partie de la maison
royale ; ou non-seulement il était admis à la table
du prince, mais où il était l'ornement indispensable
de toute fête, qu'il chantât la guerre, ou qu'il célé-
brât l'amour. Au Louvre, Ronsard est un familier ;
il y a ses entrées et son franc parler ; il y amuse
Charles IX *les jours de pluie ;* comment ne serait-il
pas ébloui par les splendeurs de cette cour charmante, et ne la prendrait-il pas pour la France entière ?

Il est évident que son patriotisme doit se ressentir de cette intimité royale. Aussi voyons-nous que,
lorsqu'il entreprend sa *Franciade*, c'est-à-dire, ce
qu'il croit être son œuvre principale et le chef-
d'œuvre littéraire de son siècle, il veut que l'honneur en rejaillisse sur la maison de Valois. Il veut,
sans doute, élever un monument à la gloire nationale ; son but, c'est d'illustrer la France en lui don-
nant une épopée qui lui manque. Mais, que fera-t-il
pour y parvenir ? Ira-t-il écouter ce qui se dit ou se
chante sur les places ou dans les rues ? S'emparera-

t-il d'un sujet populaire pour le transformer, l'idéaliser, lui donner une forme précise ? Fera-t-il, en
un mot, ce qu'ont fait Homère, le Tasse ou Camoëns ?
assurément non. Si le génie de Ronsard avait été
différent, s'il avait été moins épris du *grandiose*,
qu'il prenait pour le beau, il aurait pu trouver, sans
avoir à chercher bien loin, un magnifique sujet
d'épopée, en ravivant de vieilles haines non encore
tout à fait endormies ; en rappelant aux chevaliers,
les exploits de leurs aïeux, et au peuple, les maux
que l'invasion lui avait fait souffrir. Les noms de
Crécy, de Poitiers, d'Azincourt et le souvenir de
Jeanne d'Arc n'étaient pas assez effacés, pour que
Ronsard n'en eût pas rencontré fréquemment des
traces. Il a regretté de ne pas avoir chanté Godefroid
de Bouillon, Charles Martel et Charlemagne ; je regrette bien plus vivement, pour la France et pour
lui, qu'il n'ait pas chanté la vierge de Veaucou-
leurs ; non pas certes que ces héros, dont la gloire
l'exalte, ne soient dignes d'inspirer un poëte, mais
parcequ'ils offraient moins de ressources pour une
grande épopée nationale, d'autant plus que leur
souvenir n'existait déjà guère que chez les esprits
cultivés. Jeanne, au contraire, s'offrait à lui dans
les conditions poétiques les plus favorables ; assez
loin pour permettre à la fiction de venir embellir
la réalité ; assez près pour que son nom trouvât un

écho dans les cœurs français. Mais l'humble bergère ne pouvait être l'héroïne qui convint à la Muse de Ronsard. Appartenant, par sa famille et le genre de son talent, à la double aristocratie de la naissance et du savoir, il n'écrit que pour la cour et pour les érudits qui, de part et d'autre, pensent bien peu à Jeanne d'Arc. Que peut faire le poëte de plus digne de lui et de ceux qu'il veut chanter, que de rechercher leur origine lointaine et de dérouler à leurs yeux la chaîne immense, dont le premier anneau est Priam, et le dernier Charles IX ?

Dès le début de la *Franciade*, on est tout de suite fixé sur la nature du poëme et sur le but que l'auteur se propose :

> Muse, enten-moy, du sommet de Parnasse,
> Guide ma langue, et me chante la race
> Des rois François, issus de Francion.

Virgile, voulant aussi élever, à la gloire de Rome, un monument impérissable, avait dit, afin d'indiquer que son œuvre s'adressait à la nation entière :

Tantæ molis erat Romanam condere *gentem*[1].

[1] Ce que Ronsard a traduit ainsi :

> Tant il y eust de peine, ains que Francus en France
> Semast de tes ayeux la première naissance.

Dans le Ier chant, Jupiter, parlant de Francus
aux dieux réunis, leur dit :

> Je veux qu'il aille où son destin l'appelle,
> Tige futur d'une race si belle.
>
> . . . .
>
> Je ne l'avois du massacre sauvé
> Pour estre oisif, de paresse aggravé,
> Un fainéant en la fleur de son âge ;
> Mais j'espérois que d'un masle courage
> Iroit un jour des Gaules surmonter
> Le peuple dur et fascheux à domter,
> Chaud à la guerre et ardant à la proye,
> Pour y fonder une nouvelle Troye.

Plus loin, il ajoute :

> L'enfant d'Hector, à qui les cieux amis
> Ont tant d'honneur et de sceptres promis,
> Qui doit sauver la maison Priamide,
> Domter la Grèce et la race Eacide,
> Doit vaincre tout, et qui doit, une fois,
> Estre l'estoc des monarques François,
> Et par sur tous d'un *Charles* qui du monde
> Doit en la main porter la pomme ronde.

Ailleurs, la Renommée annonce partout qu'il faut
que la jeunesse : .

> Suive Francus, futur père des rois,
> Qui s'en alloit dedans le champ gaulois
> Replanter Troye et la race Hectorée
> Pour y régner d'éternelle durée.

C'est ensuite Hélénin qui pense à la destinée :

> Qui, pour Francus, du ciel est ordonnée,
> De qui le sang et Troyen et Germain,
> Doit enserrer le monde dans sa main.

Dans le chant IIe, Francus, allant attaquer le géant Phouère, est encore appelé *la tige de nos rois*. Dans le chant IIIe, Hyante s'écrie :

> Il est vraiment de la race héroïque ;
> Sa main, sa taille et son cœur généreux
> Montrent assez qu'il est du sang des preux.

Leucothoée lui dit :

> Enfant royal, qui dois donner naissance
> A tant de roys. . . . .
> Tu planteras ta muraille au milieu
> Des bras de Seine. . . . .

Et lui conseillant d'aller trouver Hyante, la magicienne, elle ajoute :

> Estant au cœur de ton amour gagnée,
> Te fera voir ta future lignée
> Et quelques roys qui sortiront de toy
> Qui, d'un long ordre. . . . .
> Tiendront un jour le beau sceptre de France.

Au chant IVe, Francus dit à Hyante :

> Je ne requiers richesses ni trésors ;
> Je veux, sans plus, que ton bel art me fasse
> Voir ces grands roys qui naistront de ma race,
> Et par sur tous, un Charles de Valois.

Il est impossible de mieux déterminer l'objet de son ouvrage que ne le fait Ronsard. C'est la grandeur de la maison de Valois qu'il se propose de chanter. Qu'on ne s'étonne pas, toutefois, s'il parle si peu de la France elle-même, du peuple français ; c'est qu'à ses yeux, suivant les idées de son époque, les peuples sont ce que les font les rois, et que les destins des uns et des autres sont liés ensemble, presque confondus. Voici ce qu'il dit, à ce sujet, dans une pièce adressée à Henri III :

> Doncques le peuple suit les traces de son maistre ;
> Il prend de ses façons ; il le suit, et veut estre
> Son disciple, et toujours pour exemple l'avoir,
> Et se former sur luy ainsi qu'en un miroir.
> Cela que le souldard aux épaules ferrées,
> Que le cheval, flanqué de bandes acérées,
> Ne peut faire par force, amour le fait seulet,
> Sans assembler ni camp, ni vestir corcelet ;
> Les vassaux et les roys, par mutuels offices,
> Se combattent entre eux, les vassaux par services,
> Les roys par la bonté. — Le peuple désarmé
> Aime toujours un roy quand il en est aimé.

Dans le *Discours des misères de ce temps*, on rencontre la même idée :

Tels que furent les roys, tels furent les sujets ;
Car les roys sont toujours des peuples les objets.

Si nous voulons nous faire une idée complète du patriotisme de Ronsard, nous n'avons rempli qu'une partie de notre tâche. Il nous reste à étudier ce qu'il dit de la guerre et des invasions ; nous devons chercher ce qu'il pense en voyant la France livrée aux divisions religieuses et aux discordes civiles.

Ronsard, par sa naissance, faisant partie de la noblesse, appartenant à la cour par sa situation particulière, possède au plus haut degré le sentiment de l'honneur ; il ne peut souffrir une atteinte à sa dignité, à celle de son roi, à celle de la France. Comme nous l'avons déjà dit, il ressent profondément l'injure faite à sa patrie par l'Angleterre qui retient Marie-Stuart captive. Il s'indigne en voyant s'avancer devant Metz l'empereur Charles-Quint :

Tout forcené contre l'honneur de France ;

Il triomphe avec Guise qui sauve à la fois la ville

et le pays. Il déplore le désastre de Saint-Quentin,
et il brûle de le savoir réparé.

> Dieu qui tient maintenant le parti de la France,
> Des soldats ennemis punira l'arrogance,
> Et renvoyra sur lui le malheureux destin
> Qui défist notre armée aux murs de Saint-Quentin.

S'adressant aux combattants, il leur dit, pour
enflammer leur courage :

> Vous voirrez des François la gloire retournée,
> Que Saint-Quentin perdit. . . . .
> Mais si vous la perdez (la bataille) par faute de courage,
> Vous mettrez votre gloire et la France en servage.
>
> . . . .
>
> Repoussez l'Espagnol des frontières de France, etc.

Pour bien comprendre la nature du patriotisme
de Ronsard, il faut toujours se rappeler qu'il vivait
à une époque où la gloire était le plus puissant
mobile, époque qui a vu s'épanouir la fleur de la
chevalerie en Europe. La guerre avait alors perdu,
autant que possible, son caractère brutal ; on est
toujours en face d'un ennemi loyal ; les deux partis
sont également honorables. Ce n'est pas une lutte
de peuple à peuple. On l'a dit : « La guerre était
alors, pour les seigneurs riches, une espèce de jeu ;
ils spéculaient sur les rançons que, vainqueurs, ils

imposaient, et qu'ils subissaient s'ils étaient vain-
cus[1]. » (Dareste, *Histoire de France*.)

Aussi, Ronsard sait-il bien qu'il n'a pas besoin
d'exhorter, par de belles paroles, la partie aristocratique de l'armée ; il se contente de lui rappeler
ce qu'elle est et de qui elle descend.

> Vous, princes et seigneurs, montrez-vous diligents
> A bien ranger en ordre et vous et tous vos gens ;
> Que la noble vertu de votre race antique
> Ne soit point démentie en cet honneur bellique ;
> Mais comme demi-dieux et les premiers du sang,
> En défiant la mort, tenez le premier rang.
> Montrez à vos soldats le chemin de combattre[2].

Il dit encore ailleurs, revenant sur la même idée :

> Et vous, princes du sang, de qui la noble race,
> Dès le premier berceau, vous inspire une audace
> De mépriser la mort, ce n'est pas vous qu'il faut
> Animer comme un peuple à qui le cœur défaut,
> Voyant flamber le feu ; vostre noble courage
> Mieux que moy vous enseigne au martial ouvrage ;
> Je parle à vous, soldats[3]. . . . .

Je dois ajouter, cependant, que, si Ronsard est

---

[1] Il est bien entendu que je ne parle pas ici de la guerre civile
qui surexcitait les passions jusqu'au paroxysme.

[2] Exhort : au camp de Henri II.

[3] Harangue de Guise.

forcé, par les circonstances, de chanter les combats et de montrer la mort du soldat comme la plus belle de toutes, il préfère, au fond, la paix à la guerre. Sa naissance l'appelait à suivre la carrière des armes ; il la néglige, malgré les reproches de son père :

> Je fus souventes fois retansé de mon père,
> Voyant que j'aimois trop les deux filles d'Homère,
> Qui me disoit ainsi. . . . .
> « Ou bien si le dessein généreux et hardy,
> En t'eschauffant le sang ne rend accouardy
> Ton cœur à mépriser les périls de la terre,
> Pren les armes au poing, et va suivre la guerre
> Et d'une belle playe, en l'estomac ouvert,
> Meurs dessus un rempart, de poudre tout couvert[1]. »

Au fond, il a, pour la paix, une prédilection secrète. Tout enfant, il aime mieux rêver dans les forêts qu'embrasser la carrière où son père voudrait le voir entrer[2]. Il maudit celui qui a inventé les armes[3] ; il invoque la paix ; il la supplie de venir rétablir l'harmonie entre les princes chrétiens ; il voudrait voir les épées changées en faux, et les toiles d'araignée recouvrir les morions. Je

---

[1] A Pierre Lescot.
[2] Même poëme.
[3] Poëme à *Jean Brinon*.

crois, en vérité, que c'est, lorsqu'il chante sur ce ton, que l'on peut dire que Ronsard est bien lui-même. Il célèbre bien plus volontiers les Arts, l'Antiquité et la douce Vénus que le cruel Mars.

Écoutons-le, maintenant, pleurant sur les dissensions civiles ; nous retrouvons toujours le même caractère dans ses vers. Il a honte de voir la France devenir *la proye et la moquerie des princes étrangers*. Il dit à Catherine de Médicis :

> Prenez le gouvernail de ce pauvre navire,
>
> . . . . . , ...
>
> La France, à joinctes mains, vous en prie et reprie
>
> . . . .
>
> De quel front, de quel œil, ô siècles inconstants !
> Pourront-ils (nos enfants) regarder l'histoire de ce temps,
> En lisant que l'honneur et le sceptre de France,
>
> . . . .
>
> Comme une grande roche est bronché contre-bas.

Il dit ailleurs, à la même princesse :

> Madame, je serois ou de plomb ou de bois,
> Si, moy, que la nature a fait naistre François,
> Aux races à venir je ne contois la peine
> Et l'extrême malheur dont nostre France est pleine.

Ses vers contiennent constamment l'expression du même amour pour la France, que le poëte personnifie encore dans les princes de la maison royale, amour très-vif et qui reparaît à chaque instant.

Ne croyons pas que Ronsard soit seulement un poëte courtisan. Son affection est sincère et, plus d'une fois, il s'élève avec une force surprenante pour l'époque, contre les abus de l'autorité souveraine. Il suffit de lire l'*Élégie à la forêt de Gastine* et l'*Institution de Charles IX*, pour voir qu'il ne ménage pas ses avis, et qu'il sait parfois user d'une grande liberté de langage.

A côté du sentiment patriotique, il en existe un autre, très-fort chez Ronsard, mais que nous ne croyons pas devoir étudier : c'est le culte du sol natal. Ronsard resta sans cesse Vendômois par le cœur. La Poissonière, ses prieurés furent toujours son idéal ; il revient sans cesse, avec bonheur vers ces lieux de prédilection. Horace n'a pas chanté Tibur avec plus d'ardeur. Mais, d'une part, ce sentiment est distinct de ce que nous appelons le patriotisme ; de l'autre, il est commun à trop de poëtes pour que nous ayons à nous y arrêter. Bornons-nous à en constater la vivacité chez Ronsard[1].

Il y a loin, à coup sûr, de la Renaissance à la

---

[1] Voir ce qu'en dit M. Gandar, dans son chapitre sur le sentiment de la nature chez Ronsard.

Restauration, et la distance est grande de Ronsard à Victor Hugo. Les deux siècles qui ont passé sur la France, ont apporté des modifications telles qu'elles suffisent pour exclure toute idée de rapprochement entre le patriotisme des deux poëtes. Au moment où le génie poétique de Victor Hugo se révèle, on ressent encore l'effroyable secousse qui vient d'ébranler, non-seulement la France, mais l'Europe entière. Abattue par la terrible tempête qu'elle vient de subir, lasse de quinze ans d'un despotisme absolu, ruinée par des invasions successives, la France a hâte de jouir d'un instant de repos, et les premières années où chante le poëte, sont pleines de calme et de promesses. Mais on ne peut cependant s'y tromper, ce calme n'est qu'apparent ; la plaie encore béante est prête à se rouvrir. Le souvenir de la Révolution, présent à tous les esprits, maintient dans toute leur violence, les haines entre les partis. Deux puissances sont en présence : la souveraineté royale et la souveraineté populaire, et malgré les tentatives de rapprochement, elles semblent bien difficiles à concilier. Par un singulier jeu du hasard, l'antithèse que Victor Hugo aimera tant plus tard, se retrouve déjà dans son berceau. A son origine se rattachent deux courants d'idées, non seulement différents, mais hostiles. L'un lui inspire l'amour des principes nouveaux ; l'autre le ramène vers le respect du passé. Ses premières poésies trahissent cette double influence. Mais il est facile de voir que l'autorité maternelle l'emporte d'abord. Il a bien expliqué, dans les vers suivants, ce qui se passait alors dans son âme :

Après avoir chanté, j'écoute et je contemple,
A l'Empereur tombé dressant dans l'ombre un temple,
Aimant la Liberté pour ses fruits, pour ses fleurs,
Le trône pour son droit, le roi pour ses malheurs ;
Fidèle, enfin, au sang qu'ont versé dans ma veine
Mon père, vieux soldat, ma mère, Vendéenne.

Ces vers contiennent, en quelques mots, l'explication de ses diverses évolutions morales. Il est curieux d'en suivre de près les phases.

Au début, la royauté est l'objet de son culte ; il y revient à chaque instant. Il prodigue même à l'excès les louanges à la famille royale, et plus d'une de ses premières odes ne seraient pas désavouées par Ronsard, le poëte de cour par excellence. C'est l'époque où il chante la Vendée et Quiberon ; il va jusqu'à s'élever hautement contre la Révolution ; il s'écrie :

Si quelqu'un vient à nous, vantant la jeune France,
Nos exploits, notre tolérance

Et nos temps féconds en bienfaits,
Soyez contents, lisez nos récentes histoires,
Évoquez nos vertus, interrogez nos gloires :
Vous pourrez trouver des forfaits.

Henri IV, Louis XVII, Charles X sont successivement chantés par lui. Dans une comparaison poétique, il montre le berceau du duc de Bordeaux destiné à apaiser les orages politiques, à calmer la fureur des partis. Il songe bien, de temps en temps, à l'antagonisme du peuple et de la monarchie ; il dit, par exemple, aux rois :

O rois, comme un festin s'écoule votre vie ;
La coupe des grandeurs, que le vulgaire envie
    Brille dans votre main :
Mais au concert joyeux de la fête éphémère
Se mêle le cri sourd du tigre populaire
    Qui vous attend demain.

Néanmoins, il revient presque aussitôt à sa première manière et trouve, pour chanter le sacre de Charles X, à Reims, des accents sincères et émus. On pourrait cependant remarquer que déjà, dans les *Odes et Ballades*, le sentiment royaliste va toujours en s'affaiblissant, et qu'à la fin, il ne chante plus les rois que parce qu'il les croit populaires. *Les Feuilles d'automne* forment une période de transition, et enfin, les idées véritables du poëte, parvenu à la maturité de l'âge et du talent, éclatent dans les *Voix intérieures*, dans les *Chants du cré-puscule*, dans les *Rayons et les Ombres* et dans ses drames. Il devient le poëte du peuple. — Oui, si Ronsard est, avant tout, un chantre aristocratique, s'il n'écrit guère que pour la Cour, pour l'élite des intelligences et de la noblesse, Victor Hugo, au con-traire, est un poëte populaire. Ce n'est pas pour le monde de l'aristocratie qu'il écrit ; on dirait que le souffle ardent de la *Marseillaise* anime ses vers, et involontairement, en lisant sa pièce à *l'Arc de triomphe*, on songe à ce bas-relief, où un habile sculpteur a su lui donner la vie.

Déjà, dans les *Odes et Ballades*, il indiquait le rôle du poëte et lui refusait le droit de s'enfermer exclusivement dans sa propre pensée, de s'isoler dans ses rêveries. Il voulait que, comme Tyrtée, il enflammât les courages et réveillât les esprits endormis.

> Faut-il donc, dans ces jours d'effroi,
> Rester sourd au cri de ses frères,
> Ne souffrir jamais que pour soi?
> Non ; le poëte, sur la terre,
> Console, exilé volontaire,
> Les tristes humains dans leurs fers.
> Parmi les peuples en délire,
> Il s'élance, armé de sa lyre,
> Comme Orphée au sein des enfers.

S'il ne jette les yeux que sur la France, s'il en étudie les tendances et les dispositions, il envisagera comme un événement capital cette lutte, sourde d'abord, violente dans la suite, entre le peuple et la royauté ; il les considère comme deux principes opposés ; c'est là, pour lui, un sujet favori, vers lequel il revient sans cesse :

Dans les *Feuilles d'automne* (*Rêverie d'un passant à propos d'un roi*), il dira :

> La cour est en gala, pendant qu'au-dessous d'elle,
> Comme sous le vaisseau, l'Océan qui chancelle
> Sans cesse remué, gronde un peuple profond,
> Dont nul regard de roi ne peut sonder le fond.

Dans les *Rayons et les ombres* (7 août 1829), il reproduit avec insistance cette pensée, et use de la même comparaison :

> Il disait que les temps ont des flots souverains,
> Que rien, ni ponts hardis, ni canaux souterrains,
> Jamais, excepté Dieu, rien n'arrête et ne dompte
> Le peuple qui grandit et l'Océan qui monte ;
> Que le plus fort vaisseau sombre et se perd souvent
> Qui veut rompre de front et la vague et le vent,
> Et que pour s'y briser dans la lutte insensée,
> On a derrière soi, roche partout dressée,
> Tout son siècle, les mœurs, l'esprit qu'on veut braver,
> Le port même où la nef aurait pu se sauver.

Cette conviction est si forte chez l'écrivain, qu'elle va jusqu'à lui faire commettre un étrange anachronisme dans *Hernani*, où Charles-Quint, rêvant devant le tombeau de Charlemagne, à Aix-la-Chapelle, s'effraie à la pensée de la puissance populaire :

> Ah ! le peuple, Océan, onde sans cesse émue,
> Où l'on ne jette rien, sans que tout ne remue ;
> Vague qui broie un trône ou qui berce un tombeau ;
> Miroir où rarement un roi se voit en beau. etc.

Il est probable que Charles Quint avait d'autres préoccupations au moment de son élection, que de méditer philosophiquement sur la puissance des peuples, et que, d'ailleurs, il redoutait bien plus la France, l'Angleterre, la Turquie et la Réforme que les mouvements populaires.

Le poëte essaie bien de tenir la balance entre les deux parties ; il proteste, dans la pièce citée plus haut (7 *août* 1829), de la loyauté de ses intentions ; dans la pièce qu'il composa à propos de la mort de Charles X, qui l'avait protégé, craignant de recevoir le reproche d'ingratitude, il le prévient et s'efforce de s'en disculper, en accordant des éloges au roi mort en exil, en lui offrant, selon son expression :

> Un lambeau de velours pour orner son cercueil.

Mais il ne peut nier que ses sympathies ne soient désormais toutes de l'autre côté; qu'il n'ait passé, avec armes et bagages, dans l'autre camp, dans le camp des vainqueurs. Il embrasse même leur cause à un point de vue plus élevé et se fait, en général, le champion des peuples contre les rois :

> Je suis fils de ce siècle; une erreur, chaque année,
> S'en va de mon esprit d'elle-même étonnée,
> Et, détrompé de tout, mon culte n'est resté
> Qu'à vous, sainte patrie et sainte liberté.
> Je hais l'oppression, d'une haine profonde;
> Aussi, lorsque j'entends, dans quelque coin du monde,
> Sous un ciel inclément, sous un roi meurtrier,
> Un peuple qu'on égorge, appeler et crier,
>
> .   .   .   .
>
> Oh! alors, je maudis dans leur cour, dans leur antre,
> Ces rois, dont les chevaux ont du sang jusqu'au ventre;
> Je sens que le poëte est leur juge, etc.[1].

Nous sommes loin, on le voit, du ton des *Odes et Ballades*, et toutes les protestations de fidélité sont vaines après un tel langage.

La muse de Victor Hugo prend des accents plus fiers encore, s'il est possible, lorsqu'il dépeint son pays dans ses relations avec les autres puissances, et lorsqu'il chante sa gloire militaire. La France, aux yeux du poëte, et Paris, qui en est l'âme, sont le

[1] *Feuilles d'automne.*

centre intellectuel de l'humanité. C'est la France
qui a semé dans le monde toutes les grandes idées ;
elle est la reine des peuples, le flambeau qui les
éclaire. Écoutez-le ; sur cette matière son enthousiasme ne tarit point :

> Oh ! t'abaisser n'est pas facile,
> France, sommet des nations,
> Toi, que l'idée a pour asile,
> Mère des révolutions, etc.

Dans l'ode : *A l'Arc de triomphe*, la même pensée est présentée presque sous la même forme :

> Oh ! Paris est la cité mère ;
> Paris est le lieu solennel
> Où le tourbillon éphémère
> Tourne sur un centre éternel.
>
> . . . .
>
> Nul ne sait, question profonde,
> Ce que perdrait le bruit du monde,
> Le jour où Paris se tairait !

On voit, par ces exemples caractéristiques, jusqu'où Victor Hugo a poussé l'exaltation. Il est aussi
ardent à chanter les gloires militaires, qu'à célébrer
les conquêtes pacifiques de la France.

Par suite de la tournure de son esprit, amoureux
de l'antithèse, et avide d'hyperboles, lui, poëte,
qui devrait préférer à tout la nature et la vie calme
et paisible, il s'enivre de l'odeur de la poudre et

du bruit du clairon. Il redit les combats légen-
daires ; il se plaît à montrer la France écrasant, à
elle seule, l'Europe réunie ; il s'échauffe au souvenir de la Révolution.

Ici vient se placer une question que j'ai omise
jusqu'à présent, et qui, vu son importance, méri-
terait d'être traitée à part : comment se fait-il,
comment peut-on raisonnablement expliquer qu'un
poëte royaliste dans ses premières années et démo-
crate à la fin de sa vie, se soit laissé, dans l'inter-
valle, séduire par la figure de Napoléon Iᵉʳ ? A cette
apparente anomalie, il y a deux raisons, dont l'une
tient au poëte, l'autre à son temps.

Ronsard et Victor Hugo ont tous les deux ce trait
commun qu'ils sont épris du grandiose dans les
mots et dans les choses ; mais, sur ce point, Hugo
dépasse encore de beaucoup Ronsard. Francus est
un héros, à peu près de la taille d'Enée, dont il a
les qualités et les défauts. Ruy-Gomez, Charles-
Quint, dans le monologue d'*Hernani*, *Les Bur-
graves*, atteignent des proportions presque gigan-
tesques. Dans ses descriptions, le poëte a l'habitude
de forcer la note ; il voit tout plus grand que nature. Son imagination lui montre les grands
hommes, Alexandre, César, Charlemagne comme
d'immenses statues, ayant pour base quelque
énorme piédestal.

Or, voici que, tout près de lui, a vécu un de ces hommes auxquels il est donné d'étonner l'humanité. Il retrouve partout sa trace. Enfant, il l'a vu passer dans toute sa gloire, et ce souvenir est resté profondément gravé au fond de son esprit. Jeune homme, il a assisté à sa chute. La France répète constamment son nom ; l'Europe, elle-même, tremble encore à son souvenir. Avec sa nature enthousiaste pour tout ce qui est grand, toujours épris d'admiration pour la force, Hugo se laisse emporter par le courant ; il se prosterne devant celui qu'un autre poëte a surnommé l'*Idole*. Mais constatons que, dans ses vers, Napoléon perd toutes propor tions humaines et devient un Titan :

> Oh ! lorsqu'il bâtissait de sa main colossale
>   Ce pilier souverain, etc.
>
> . . . .
>
> Car, ô géant couché dans une ombre profonde,
> Pendant qu'autour de vous, comme autour d'un ami,
> S'éveilleront Paris et la France et le monde,
>   Vous serez endormi.
> Vous serez endormi, figure auguste et fière.
> De ce morne sommeil, plein de rêves pesants,
> Dont Barberousse, assis sur sa chaise de pierre,
>   Dort depuis six cents ans.
>
> . . . .
>
> L'univers a revu ce spectacle homérique,
> La chaîne, le rocher brûlé du ciel d'Afrique,
>   Et le *Titan* et le Vautour.

Dans l'Ode *à Napoléon II :*

Vous savez ce qu'on fit du *géant* historique.

Cette admiration du poëte pour le héros est excessive, mais excusable. Victor Hugo a vu Napoléon de près ; il a été ébloui par sa gloire, au point de perdre la notion des proportions exactes ; mais il n'était pas le seul. Le parti auquel il appartenait avait subi souvent la même fascination, avait commis la même erreur.

Une sorte de bonapartisme poétique a enivré toutes les imaginations. On s'est créé un type de Napoléon tenant le milieu entre Attila et Charlemagne, entre la fable et l'histoire. On se refuse à croire à sa mort ; on ne peut se le figurer subissant la loi commune ; il paraît être d'une nature supérieure à celle de l'espèce humaine.

La méprise du poëte était, somme toute, fort explicable : il a exploité, en l'augmentant encore, la renommée inouïe qu'une grande partie des Français avait attribuée à Napoléon. Il s'est emparé d'une légende qu'il a développée, et à laquelle il a donné la consécration de son talent. Qu'on relise les historiens du temps ; qu'on se rappelle les commencements de ce siècle, on devra convenir que notre auteur a pu être de bonne foi dans son erreur, et que c'est moins sur lui que sur la France entière que la faute doit en être rejetée. C'est elle qui, éblouie par le mirage de la gloire, a été trompée au point de prendre la force pour le droit, le despotisme pour la liberté ; qui s'est laissée égarer par le prestige de ses conquêtes d'un jour, et qui a, de ses propres mains, dressé des autels à un homme au profit duquel elle avait versé son sang à flots, sur vingt champs de bataille.

Nous arrivons à cette conclusion, que Ronsard et Victor Hugo ont été, l'un et l'autre, des poëtes nationaux ; qu'ils ont représenté chacun l'idée patriotique de leur époque ; qu'ils ont su faire vibrer une des cordes les plus sensibles dans l'âme de leurs concitoyens. On ne peut, légitimement, demander plus à des poëtes. Ceux qui lisaient, au seizième siècle, la *Harangue de Guise aux assiégés de Metz*, ou l'*Exhortation au camp de Henri II*, ressentaient, j'en suis sûr, le même tressaillement qu'a éprouvé notre génération en lisant l'*Ode à la Colonne*, celle à *Napoléon II*, etc. — La langue, la versification, le ton général de Victor Hugo sont naturellement plus en harmonie avec le goût de notre temps, que les Hymnes de Ronsard, et nous ne saurions nous empêcher de donner la préférence à celui qui chante des faits plus rapprochés de nous. Mais, si nous faisons abstraction de notre personnalité, nous ne verrons plus, dans l'un et dans l'autre, que deux grands poëtes, pleins d'amour pour leur patrie, et qui ont tous deux chanté avec orgueil les gloires nationales de leur temps[1].

[1] Il est évident que je n'ai entendu parler, dans ce chapitre, que des années où le génie de Victor Hugo était dans sa pleine maturité et dans tout son éclat, et que j'ai dû laisser de côté les productions de sa vieillesse. L'âge, au lieu de modérer ses idées démocratiques, n'a fait que les développer davantage, et les accentuer trop souvent dans le sens démagogique. Je ne veux pas, dans un travail purement littéraire, aborder des sujets d'une nature aussi délicate, et me contente de faire remarquer que, même au seul point de vue de la forme, la poésie de Victor Hugo s'est ressentie profondément de la marche que ses opinions ont suivie. Sa Muse s'est abaissée et parfois souillée, en redescendant des hauteurs idéales, au domaine plus vulgaire de la politique, et surtout de la polémique contemporaine; et la critique impartiale est en droit de lui adresser le reproche dont jadis se disculpait Lamartine, répondant aux attaques de Barthélemy :

> Non, je n'ai pas brisé les ailes de cet ange,
> Pour l'atteler hurlant au char des factions.

CHAPITRE XVI

Nous avons eu souvent, dans le cours de cette
étude, l'occasion de parler du côté artificiel de la
poésie de Ronsard. Nous l'avons montré, embouchant la trompette épique, *pindarisant* et tout
plein du dieu qui l'inspirait. Mais, avouons qu'il
sait parfois quitter ce rôle, et que, lorsqu'il aborde
l'élégie amoureuse, il peut connaître la simplicité.
Poëte érotique, dans toute la force du terme, Ronsard a saisi toutes les nuances, toutes les finesses,
toutes les délicatesses de l'amour, et il les a décrites
avec succès, en sachant passer par les tons les plus
variés. Son langage, fréquemment roide et guindé,
devient, dès qu'il aborde les sujets doux et tendres,
passionné et vrai. Un de ses grands défauts, c'est
que souvent il chante pour chanter, n'ayant rien
d'important à dire, et qu'il tâche de déguiser, sous

la richesse de la forme, le vide de sa pensée. C'est alors qu'il fait intervenir tout l'appareil mythologique, qu'il prodigue les comparaisons; mais dès qu'un sujet sérieux s'offre à lui, dès qu'il reste véritablement lui-même, sa pensée s'élève et s'épure.

Nulle part Ronsard n'a été plus lui-même qu'en matière d'amour; nulle part aussi, il n'a été mieux inspiré; nulle part il n'a eu d'accents si touchants. Remarquons qu'il faut distinguer chez lui la partie originale et l'imitation, soit des anciens, soit des modernes.

Quand Ronsard commence à chanter Cassandre, premier objet de son amour; au moment où il est de retour de ses voyages avec Baïf, Langey, Lassigny, il n'a pas encore passé par l'austère école de Daurat, et il est tout plein de souvenirs italiens. En lisant les sonnets de sa jeunesse, on découvre une parenté intime entre Ronsard et les poëtes de l'école de Marot, qui ont introduit chez nous le sonnet : fond et forme, tout est généralement emprunté à Pétrarque, dont le charme incomparable ne passe malheureusement pas dans les traductions.

Pour quiconque a une légère notion de la littérature du seizième siècle, le premier livre des *Amours* est à peu près dépourvu d'originalité : il n'y faut voir que le travail d'un jeune homme qui

cherche à se conformer au goût de son temps. Voyez,
par exemple, le premier sonnet :

> Qui voudra voir comme Amour me surmonte,
> Comme il m'assaut, comme il se fait vainqueur,
> Comme il renflamme et renglace mon cœur,
> Comme il reçoit un honneur de ma honte, etc.

Ces antithèses, cette variété des expressions pro-
duites par l'amour, reviennent encore au sonnet XII.

> J'espère et crain ; je me tais et supplie ;
> Or, je suis glace et ores un feu chaud ;
> J'admire tout, et de rien ne me chaut,

C'est à Pétrarque qu'il les a empruntées :

> Amor mi sprona in un temo e affrena,
> Assecura e spaventa, arde e agghiaccia.

D'autres poëtes y ont également recours. Loyse
Labbé a exprimé la même idée, en disant :

> Je vis, je meurs, je me brûle et me noye[1].

« C'est une chose étrange, dit Colletet, dans
l'*Histoire des poëtes François*, que le premier sonnet

[1] Imité de Sapho.

de Ronsard, qui commence ainsi : *Qui voudra voir comme amour me surmonte*, oit fait tant de mauvais singes. Vous diriez que la plupart de ceux de son temps, et après son temps même, n'eussent su par où débuter leurs sonnets amoureux, s'ils n'eussent celui-là pour règle et pour modèle. Mais, ô misérables copies ! que vous estes aussi éloignées du mérite de cet original, qu'un simple grotesque commencé est éloigné des portraits achevés de Michel-Ange. » Colletet pourrait attribuer à Ronsard lui-même ce qu'il dit de ses imitateurs ; il n'est, dans toute cette partie, qu'un fade traducteur de Pétrarque, si fort à la mode alors.

Il ne faut pas davantage chercher son véritable talent dans les élégantes petites pièces où il traduit et imite Anacréon : *l'Amour piqué*, *l'Amour enchaîné*, *l'Amour prisonnier* ne renferment l'expression d'aucun sentiment, et nous serions bien embarrassés si nous avions à étudier seulement d'après ces pastiches antiques les passions de Ronsard. Heureusement pour nous, il a écrit les *Amours de Marie*, *d'Hélène* et de *Genèvre*; c'est là qu'il faut l'étudier, car c'est là qu'il est original.

Trois caractères principaux constituent le charme de l'amour de Ronsard. Il est passionné, inconstant, mélancolique.

Imitateur de Pétrarque par la forme qu'il emploie souvent, le sonnet, par ses comparaisons et ses métaphores, Ronsard n'a pas pourtant, comme lui, idéalisé l'amour. Il participe en cela à la tournure générale de l'esprit de son temps. Pétrarque appartient encore complétement au moyen âge, époque où la femme est, pour ainsi dire, divinisée, du moins en vers, où elle est l'objet d'un culte poétique, où placée sur un piédestal, elle devient, pour ceux qui la chantent, une sorte de créature à part.

Laure est un être si pur, si céleste, qu'on est allé jusqu'à ne voir en elle qu'une personnification de la gloire à laquelle Pétrarque avait consacré sa vie, un être dans le genre de la Béatrix, de Dante.

La Renaissance, époque païenne dans une mesure assez large, a presque partout négligé le côté divin et surnaturel, que nous nommons aujourd'hui *idéal*. L'amour tel que le comprenait Pétrarque y disparaît à peu près. Ronsard tient de son époque; il se conforme à ses mœurs; il aime à la façon d'Ovide et de Tibulle, il le dit lui-même :

Ainsi Tibulle aimait Némésis et Délie.

Il s'est même moqué de l'amour platonique de Pétrarque pour Laure. C'est en vain qu'il appelle *déesses* ses maîtresses successives, qu'il veut placer leur chevelure parmi les constellations ; son amour n'est pas éthéré ; il n'en considère pas les objets comme appartenant à une nature supérieure à la sienne. Il est plus épris de leur beauté physique que de leur valeur morale (excepté pour Hélène, qu'il n'aima que dans sa vieillesse et d'une affection désintéressée) ; il se complaît dans la description de leurs charmes, et je connais mieux la couleur de leurs yeux ou de leur cheveux que les qualités de leur esprit. Il semble qu'il considère l'amour terrestre comme le bonheur suprême. Nul n'en a mieux connu et mieux exprimé les transports :

> Amour, amour ! que ma maistresse est belle !

Je citerai comme modèle de ce genre, les stances : *Quand au temple nous serons, Je veux Muses, aux beaux yeux* (Odes, liv. V). Il sait également dépeindre à merveille les tourments qu'il endure. Ce madrigal, empreint d'un sentiment déja tout moderne, en est une preuve éclatante :

> Si c'est aimer, madame, et de jour et de nuict,
> Rêver, songer, penser le moyen de vous plaire,
> Oublier toute chose et ne vouloir rien faire,
> Qu'adorer et servir la beauté qui me nuit ;
> Si c'est aimer de suivre un bonheur qui me fuit,
> De me perdre moi-mesme et d'estre solitaire,
> Souffrir beaucoup de mal, beaucoup craindre et me taire,
> Pleurer, crier merci et m'en voir éconduit ;

Si c'est aimer de vivre en vous plus qu'en moy-mesme,
Cacher d'un front joyeux une langueur extresme,
Sentir au fond de l'âme un combat inégal,
Chaud, froid, comme la fièvre amoureuse me traicte,
Honteux, parlant à vous, de confesser mon mal ;
Si cela est aimer, furieux je vous aime,
Je vous aime et sais bien que mon mal est fatal ;
Le cœur le dit assez ; mais la langue est muette.

Tout n'est pas irréprochable dans cette pièce, mais le mouvement général en est bon, et l'ensemble en est empreint d'une émotion véritable. L'amour est plus vrai chez Ronsard que chez beaucoup de poëtes du seizième siècle. Un grand nombre d'entre eux chantent sans éprouver les sentiments qu'ils expriment, et tombent dans la fadeur, ou dans une déplorable exagération. Ronsard chante des impressions réelles ; il souffre d'une affliction profonde à la mort de Marie ; sa douleur se lit à travers chaque phrase ; on sent que cette perte l'a frappé au cœur. Malheureusement, chez lui, comme chez bien d'autres, les impressions, même les plus vives, ne sont pas très-durables : il semble que, lors du trépas de Marie, sa vie, à lui, se soit brisée, et qu'il veuille suivre sa maîtresse au tombeau ; il s'écrie :

Fol qui au monde met son cœur,
Fol qui croit à l'espoir mocqueur
Et à la beauté tromperesse !

Cependant, peu à peu sa douleur se calme; il oublie celle qu'il pleurait, et finit par la remplacer. C'est en vain qu'il dit de bonne foi à son ami Pelletier :

> . . . . .Le temps léger s'enfuit
> Je change jour et nuict de poil et de jeunesse
> Mais je ne change pas l'amour d'une maistresse.

Il devient inconstant; il le confesse lui-même ouvertement. Accablé d'idées sombres, n'ayant pas la force de les supporter, il cherche à s'étourdir par un enivrement passager.

Mais ce qui fait le grand, le principal charme de la poésie érotique de Ronsard, c'est la teinte de vague mélancolie qu'il a répandue si souvent dans ses vers. La pensée de la mort est toujours présente à son esprit, et c'est souvent au milieu des fêtes, dans les transports de la volupté, qu'il voit, comme Balthasar pendant le festin, un arrêt fatal se dresser devant lui : il entend une voix qui lui rappelle la dure nécessité de quitter ce monde. C'est à cette pensée, si commune pourtant chez Horace et tant d'autres, qu'il doit ses meilleures, ses plus touchantes inspirations. C'est sous son influence que Ronsard a composé la célèbre odelette : *Mignonne*, *allons voir si la rose*, et le ravissant sonnet à Hélène : *Quand vous serez bien vieille*. Elle revient à chaque page ; elle semble l'obséder ; c'est comme un glas funèbre qui retentit sans cesse à son oreille [1].

Mais son âme, suivant la leçon d'une douce philosophie, sait qu'il est inutile de se roidir contre l'inexorable destinée, qu'il vaut mieux la subir patiemment, et jouir de la vie en attendant la mort.

Il arrive toujours à cette conclusion : Hâtons-nous, car la vie est courte :

> Le temps s'en va, le temps s'en va, madame,
> Las ! le temps, non ; mais nous nous en allons.

A mes yeux, ce désir de profiter d'une existence

---

[1] C'est la mélancolie de Catulle, qui pense, lui aussi, à la mort au milieu des plaisirs, et qui cherche par cette pensée, à s'exciter encore davantage à l'insouciance et à l'oubli :

> Soles occidere et redire possunt
> Nobis quum semel occidit brevis lux,
> Nox est perpetua una dormienda,

Ce que notre poëte traduit ainsi :

> La lune est coustumière
> De naistre tous les mois ;
> Mais quand notre lumière
> Est éteinte une fois
> Sans nos yeux réveiller,
> Faut longtemps sommeiller.

si courte, cette appréhension perpétuelle de sa fin constituent un des principaux charmes de la poésie érotique de Ronsard. Je le préfère dans ces moments de tristesse, et j'admire plus ses soupirs élégiaques que ses accents de triomphe et de bonheur.

Si Ronsard imite la forme, le tour extérieur des vers de Pétrarque, on peut dire, dans une certaine mesure, que Victor Hugo, en a imité la partie idéale ; non pas qu'il ait su créer un type qui puisse prendre place à côté de celui de Laure, mais parce qu'il envisage surtout dans l'amour le côté divin, et qu'il s'attache plus à l'union des âmes qu'à celle des corps. Il diffère, à cet égard, des poëtes, ses contemporains, de Lamartine, qui, parfois, n'a été que le disciple d'Ovide et de Tibulle, et qui aimait à la façon de Ronsard, ou de Musset, disciple de Byron, qui, élevant l'amour à la hauteur du sacerdoce, a imaginé le type bizarre de Don Juan ; il est, avant tout, épris de l'amour intime et caché. Il dira, s'adressant précisément à Pétrarque :

> Quand je sens ma pensée, ô chaste amant de Laure,
> Loin du souffle glacé du vulgaire moqueur
> Éclore, feuille à feuille, au plus profond du cœur,
> Je prends ton livre saint qu'un feu céleste embrase,
> Où, si souvent, murmure, à côté de l'extase,

La résignation au sourire fatal ;
Ton beau livre, où l'on voit, comme un flot de cristal,
Qui, sur un sable d'or, roule à sa fantaisie
Tant d'amour ruisselant sur tant de poésie !

Si nous l'en croyons, il s'oublie lui-même dans son amour ; il se sacrifie ; il voudrait s'immoler : ces vers, quoique ce soit Ruy-Blas qui les adresse à la reine d'Espagne, semblent traduire ses propres sentiments :

Je suis un malheureux, qui vous aime d'amour,
Hélas ! je pense à vous comme l'aveugle au jour.
Madame, écoutez-moi ; j'ai des rêves sans nombre ;
Je vous aime d'en bas, de loin, du fond de l'ombre ;
Je n'oserais toucher le bout de votre doigt ;
Et vous m'éblouissez comme un ange qu'on voit.

Il avait exprimé déjà cette idée dans *Marion Delorme :*

Là haut, dans sa vertu, dans sa beauté première,
Veille, sans tache encore, un ange de lumière,
Un être chaste et doux, à qui, sur les chemins,
Les passants, à genoux, devraient tendre les mains.
Et moi, qui suis-je, hélas! qui rampe avec la foule ?
Pourquoi troubler cette eau si belle, qui s'écoule ?
Ai-je droit d'accepter ce don de son amour
Et de mêler ma brume et ma nuit à son jour?

Dans son premier drame représenté, Hernani
s'adressait ainsi à Dona Sol :

> . . . . .Dona Sol, mon amie,
> Dites-moi, quand, la nuit, vous êtes endormie,
> Calme, innocente et pure, et qu'un sommeil joyeux
> Entr'ouvre votre bouche et du doigt clôt vos yeux,
> Un ange vous dit-il combien vous êtes douce
> Au malheureux que tout abandonne et repousse ?

Bien qu'il fasse parler là des personnages de sa
création, on peut supposer, à l'insistance que met
le poëte à revenir sur ces pensées, qu'elles sont naturelles chez lui. Lui, poëte, *que la haine abreuve*,
suivant son expression, il craindrait de voir mêler
la femme qu'il aime à sa vie orageuse ; l'amour
est, pour lui, comme un port dans la tempête. Les
qualités morales paraissent l'attirer encore plus
que la beauté physique. Victor Hugo n'excelle
pas, comme Lamartine et Musset, à chanter les
transports et les ivresses de l'amour ; il en décrit
plutôt les angoisses :

> Oh ! qui que vous soyez, jeune ou vieux, riche ou sage,
> Si jamais vous n'avez épié le passage,
> Le soir, d'un pas léger, d'un pas mélodieux,
> D'un voile blanc qui glisse et fuit dans les ténèbres
> Et comme un météore au sein des nuits funèbres,
> Vous laisse dans le cœur un sillon radieux ;...

Si vous n'avez jamais, à l'heure où tout sommeille,
Tandis qu'elle dormait, oublieuse et vermeille,
Pleuré comme un enfant, à force de souffrir...
Si vous n'avez jamais senti que d'une femme
Le regard animait dans votre âme une autre âme,
Que vous étiez charmé, qu'un ciel s'était ouvert,
Et que, pour cette enfant, qui de vos pleurs se joue,
Il vous serait bien doux d'expirer sous la roue,
Vous n'avez point aimé, vous n'avez point souffert !

Sa Muse est surtout la muse du foyer ; ce sont les joies de la famille qu'il peint le mieux, et les enfants lui ont inspiré ses vers les plus touchants : ce qu'il rêve, c'est moins le délire d'un moment que le calme d'une vie à deux, douce et paisible, les plaisirs intimes du foyer domestique :

Ah ! si vous rencontrez quelque part, sous les cieux,
Une femme au front pur, au pas grave, aux doux yeux....,
Oh ! qui que vous soyez, bénissez-la ; c'est-elle
Mon orgueil, mon espoir, mon abri, mon recours,
Toit de mes jeunes ans qu'espèrent mes vieux jours !

Ronsard et Victor Hugo ont compris différemment l'amour. Celui-ci l'a considéré comme une chose grave et austère ; il en a tenu les engagements pour sacrés ; celle qu'il chante, c'est la compagne de sa vie, la consolatrice de ses jours mauvais. Celui-là, au contraire, n'a envisagé que le

côté enivrant et passager de l'amour ; il a bu à
longs traits à la coupe du plaisir, sachant qu'elle
se détournerait bientôt de ses lèvres, et se hâtant
d'y puiser, pour le peu de temps qu'elle lui était
offerte.

CONCLUSION

Je ne veux pas terminer un si long parallèle entre ces deux grands poëtes du seizième et du dix-neuvième siècle, sans ajouter quelques mots sur les destinées de leurs œuvres.

Autant que l'on peut préjuger de l'avenir, il semble qu'il y ait encore un dernier rapprochement à faire entre Ronsard et Victor Hugo, et que le jugement de la postérité doive être aussi sévère pour l'un que pour l'autre.

Ronsard s'est survécu à lui-même. Il est mort éclipsé par Desportes; son nom est bientôt tombé dans l'oubli, et un arrêt définitif, quoique trop dur, fut prononcé sur son compte par Boileau, qui a consacré dix vers, à peine, à un des chantres les plus féconds de la France. Aujourd'hui même,

pour beaucoup de lecteurs lettrés, le nom de Ronsard demeure entouré d'un cortége d'épithètes qui
en semblent inséparables ; on revoit tout de suite,
en pensée, dès que ce nom est cité, *son faste pédantesque*, et on ne parle qu'en souriant de ce *poëte
orgueilleux trébuché de si haut.*

Cependant, après deux siècles de dédain et d'oubli, il s'était produit une réaction. L'école roman-
tique, par un mouvement louable, mais assez peu
raisonné, crut voir une victime dans Ronsard et lui
dressa des autels. Ce fut dans un but d'opposition
qu'on le réhabilita à la fin de la Restauration. Il suf-
fisait que Boileau l'eût attaqué pour qu'il trouvât
aussitôt des défenseurs acharnés. Bizarre jeu du sort!
Ronsard, le poëte autoritaire par excellence, le
chantre de la maison de Valois, le poëte courtisan,
fut défendu avec ardeur par les champions des ré-
formes littéraires, qui l'égalaient ou le préféraient
aux écrivains du dix-septième siècle, et voulaient
le venger des outrages qu'avait reçus sa mémoire.

Cette tentative de réhabilitation, dont Sainte-
Beuve fut le principal promoteur, n'a réussi que
dans une certaine mesure, et, en dépit de tant
d'efforts, on n'est pas parvenu à le replacer tout
à fait sur son antique piédestal.

Vulcain impunément ne tomba pas des cieux.

Le poëte érotique, l'auteur de plusieurs élégies charmantes, le traducteur d'Anacréon, est goûté des esprits cultivés ; mais jamais le poëte épique ne sera universellement accepté. Aussi, le sort de Ronsard semble-t-il à peu près fixé. Son œuvre est assez connue maintenant pour ne plus pouvoir donner lieu à aucune surprise. Il y aura toujours un grand intérêt à l'étudier, et en lui-même, et pour l'influence qu'il a exercée sur son temps ; mais sa langue et ses idées sont trop éloignées de nous, pour que sa poésie ait aucune application réelle pour notre époque.

Pour ce qui est de Victor Hugo, on comprend aisément quelle réserve doit être la nôtre, quand il s'agit d'indiquer le sort futur d'un poëte encore vivant. N'a-t-il pas dit lui-même avec vérité :

> L'avenir n'est à personne...
> De quoi demain sera-t-il fait ?

Il semble déjà, cependant, que sa destinée poétique soit assez accusée pour qu'on puisse la pressentir.

Comme Ronsard, Hugo se survit à lui-même : ses dernières productions ne sont plus que les derniers vacillements d'une lueur près de s'éteindre. A mesure qu'il vieillit, ses qualités diminuent et ses défauts s'exagèrent. Il était parfois obscur, il devient incompréhensible ; il était souvent outré, il dépasse les bornes de l'exagération ; quelques ouvrages même de sa première manière ont déjà considérablement perdu. Quand l'auteur lançait, comme un manifeste, sa préface de *Cromwel;* quand il écrivait *Hernani*, pour jeter un défi à l'école régnante, il croyait imprimer, à la littérature contemporaine, un mouvement dont elle se ressentirait longtemps. Il s'est écoulé, depuis, à peine un demi-siècle, et on peut déjà s'apercevoir que l'étoile de Victor Hugo pâlit. Les années se succèdent ; les points de vue se modifient, les idées et les théories passent ; les œuvres restent seules, et n'ont plus, pour se soutenir, que leurs qualités intrinsèques. Il est trop clair que l'heure du triomphe a cessé de sonner. — Qu'un autre demi-siècle vienne encore, et il semble probable qu'une ombre, de plus en plus épaisse, s'étendra peu à peu autour de ce grand nom. Puis, sans doute plus tard, dans l'ensemble considérable des œuvres de Victor Hugo, on choisira les meilleures et on formera un recueil d'extraits, une anthologie qui en vaudra bien d'autres. La réputation du poële flottera peut-être ainsi ballotée par le caprice de la mode, ne sombrant jamais sous la vague, mais ne parvenant jamais non plus au port, où les génies d'un ordre supérieur, les génies complets et purs se reposent paisiblement, dans la possession d'une gloire indiscutée.

Assurément, un tel homme aura sa place marquée dans l'histoire de la poésie française, et son nom sera souvent cité. Il restera dans notre littérature, mais non pas tout entier ; en cela, il partagera le sort de Ronsard, si bien que ces deux écrivains fameux auront encore, dans leur destinée, cette dernière ressemblance , que la postérité ne conservera avec respect que des lambeaux de leur œuvre.

PARIS. — IMP. SIMON RAÇON ET COMP., RUE D'ERFURTH, 1.

PARIS. — IMP. SIMON RAÇON ET COMP., RUE D'ERFURTH, 1.

www.ingramcontent.com/pod-product-compliance
Lightning Source LLC
Chambersburg PA
CBHW051518050726
47595CB00002B/373